ALEXANDER HERRMANN

Schnell mal was Gutes

Rezepte für den Feierabend

ALEXANDER
HERRMANN

Rezepte für
den Feierabend

Schnell mal was Gutes

INHALT

7 **VORWORT**

10 **SEELENFUTTER**

44 **SCHMECKT WIE BEI OMA**

78 **EXPRESS OHNE STRESS**

112 **GESUND UND GUT**

152 **ENTSPANNUNGSKÜCHE**

186 **REGISTER**

LIEBE LESERIN, LIEBER LESER,

auch bei Chefköchen darf es mal etwas schneller gehen. Ehrlich gesagt: Nach getaner Arbeit soll es sogar sehr gerne schnell gehen, bis das Essen zu Hause auf dem Tisch steht. Nur der Genuss darf auf keinen Fall zu kurz kommen. Essen muss Spaß machen – heute, morgen, jeden Tag. Deswegen gibt es in diesem Buch Rezepte für jede Gelegenheit: Mal ist es vielleicht besonders eilig, dann brauche ich ein paar Seelenstreichler oder ich komme direkt vom Sport und habe nur Hunger auf eine Kleinigkeit. Aber immer möchte ich es mir richtig gut gehen lassen.

Mein Prinzip: Beste Zutaten und ein Rezept, dass das Beste aus dem Produkt holt – mehr braucht es gar nicht. Da darf gerne auch mal der Fertigteig aus dem Kühlschrank geholt werden; solange die Qualität stimmt, ist das völlig in Ordnung. Oder man nimmt – und dieses Prinzip habe ich vor allem bei »Schmeckt wie bei Oma« angewendet – einfach eine kleine Abkürzung: Die Aromen bleiben dieselben, aber ich habe die Rezepte einfacher gemacht. Denn in meiner Trickkiste findet sich so einiges, das uns allen das Kochen im Alltag erleichtern kann. Und wenn man weiß, was zu tun ist, dann bleiben weder Geschmack noch Entspannung auf der Strecke.

Manchmal habe ich aber gerade nach einem stressigen Tag richtig Lust, zu schnippeln, vorzubereiten und den Kopf freizukriegen. Da brauche ich das Meditative des Zwiebelschneidens und genieße es, mich ganz in Ruhe und ohne Stress nur einer Tätigkeit hinzugeben: dem Zubereiten einer Mahlzeit nämlich. Deswegen sind die Rezepte in »Entspannungsküche« auch mal etwas aufwendiger – ich mache es mir einfach in der Küche gemütlich.

In diesem Sinne: Lassen Sie es sich gut gehen und gönnen Sie sich auch im Alltag Ihre Verwöhnmomente.

Ihr Alexander Herrmann

Im Team geht's einfach besser!
Monika Schuster und ich im kreativen Austausch …

SEELENFUTTER

Bei diesen Gerichten funkeln die Augen und die Mundwinkel gehen automatisch nach oben. Gerichte, die sonst doch schon etwas Zeit in Anspruch nehmen, sind im Handumdrehen fertig. Freuen Sie sich auf easy Pizza, Ratz-Fatz-Tomatensugo oder einfach mal die gute alte Currywurst.

SPAGHETTONI MIT OFENTOMATEN-SAUCE UND KNUSPRIGEN PARMESAN-BRÖSELN

ZUTATEN FÜR 2 PERSONEN

6 reife, mittelgroße Strauchtomaten (600 g)
4–6 Zweige frischer Thymian
1 Knoblauchzehe
Meersalzflocken, z. B. Fleur de Sel
Puderzucker zum Bestäuben
Olivenöl
250 g Spaghettoni oder Linguine
Salz
1 Prise Chiliflocken oder Cayennepfeffer

FÜR DIE BRÖSEL

½ Ciabattabrötchen (60 g)
1–2 Stängel frisches Basilikum
1 EL Butter
30 g Pinienkerne
50 g Parmesan, frisch gerieben
schwarzer Pfeffer aus der Mühle

ZUM ANRICHTEN

frische Basilikumblätter

AUSSERDEM

Backpapier
Pürierstab

1 Den Backofen auf 160 °C (Umluft) vorheizen.

2 Die Tomaten waschen, vom Strunk befreien und quer halbieren. Den Thymian waschen und trocken schütteln, die ungeschälte Knoblauchzehe mit dem Handballen andrücken.

3 Ein Backblech mit Backpapier auslegen. Thymianzweige darauf verteilen, Tomatenhälften mit der Schnittseite nach oben daraufsetzen, mit je 2 Prisen Meersalzflocken und Puderzucker würzen. Die Knoblauchzehe dazwischenstecken und alles mit 3 EL Olivenöl gleichmäßig beträufeln.

4 Die Tomaten im Backofen (mittlere Schiene) 30 Min. rösten.

5 Parallel dazu die Nudeln in reichlich kochendem Salzwasser bissfest garen. Abgießen, tropfnass zurück in den Topf geben und mit 1 TL Olivenöl mischen.

6 Für die Brösel das Brötchen in fingerdicke Scheiben schneiden. Basilikum waschen und trocken schütteln, die Blätter abzupfen und in feine Streifen, die Stiele wie Schnittlauch ganz fein schneiden.

7 Das Blech mit den Tomaten aus dem Ofen nehmen. Die Ciabattascheiben auf ein Ofengitter legen und im Backofen (mittlere Schiene) 10 Min. hell rösten.

8 Die fertig gegarten Tomaten in einen hohen Mixbehälter geben. Knoblauch aus der Schale drücken und dazugeben, Thymian entfernen und wegwerfen. Die Garflüssigkeit mithilfe des Backpapiers zu den Tomaten gießen. Tomaten mit dem Pürierstab fein mixen, durch ein nicht zu feines Sieb in einen Topf streichen und aufkochen lassen. Die Sauce mit Meersalzflocken, 1 Prise Chiliflocken und 3 EL frischem Olivenöl abschmecken.

9 Brotscheiben aus dem Ofen nehmen und leicht abkühlen lassen. In ein hohes Gefäß zupfen und mit dem Pürierstab nach und nach nicht zu fein zerkleinern.

10 2 EL Olivenöl und die Butter in einer großen Pfanne erhitzen. Die Pinienkerne darin 2 Min. leicht goldbraun rösten, Brotbrösel hineinstreuen, 2 Min. bei mittlerer Hitze mitrösten, Parmesan, Basilikum und Nudeln dazugeben. Alles nochmals erhitzen, mit zwei Gabeln gut durchmischen, sodass an allen Nudeln Brösel hängen bleiben. Zum Schluss mit Salz und Pfeffer abschmecken.

11 Die Tomatensauce nochmals aufkochen lassen, mit den Nudeln anrichten und mit Basilikumblättchen garnieren.

LAUWARMER NUDELSALAT MIT GESCHMORTEM ZITRONEN-BROKKOLI UND MANDELPESTO

ZUTATEN FÜR 2 PERSONEN

FÜR DAS MANDELPESTO
20 g Mandeln, gestiftelt
4–6 Stängel frische glatte Petersilie (abgezupft 10 g)
4–6 Stängel frisches Basilikum (abgezupft 10 g)
30 g Parmesan, gerieben
4 EL Olivenöl

FÜR BROKKOLI UND NUDELN
400 g Brokkoli
½ rote Zwiebel (60 g)
2 eingelegte Sardellen in Öl
1 kleine Knoblauchzehe
2 EL Olivenöl
Salz
Abrieb von ¼ Bio-Zitrone
150 g Pennette (kleine Penne)

FÜR DIE TOMATENVINAIGRETTE
50 g passierte Tomaten aus der Dose
½ gestrichener TL Puderzucker
Saft von ¼ Bio-Zitrone
1 EL Aceto balsamico bianco
schwarzer Pfeffer aus der Mühle
2 EL Olivenöl

AUSSERDEM
Mörser

1 Die Mandeln in eine heiße Pfanne geben und ohne Fett 3–4 Min. bei mittlerer Hitze goldbraun rösten. Auf einen Teller umfüllen und vollständig auskühlen lassen.

2 Die Kräuter waschen, trocken schütteln, Blätter abzupfen. Mit Parmesan, Olivenöl und Mandeln in den Mörser geben und zügig zu einem cremigen Pesto verarbeiten.

3 Den Brokkoli putzen, Röschen abschneiden, in 0,5 cm dicke Scheiben schneiden. Den Stiel großzügig schälen, der Länge nach halbieren und ebenfalls in Scheiben schneiden. Die Zwiebel schälen und in feine Streifen schneiden.

4 Sardellenfilets mit kaltem Wasser abspülen, mit Küchenpapier trocken tupfen und in kleine Stücke schneiden. Knoblauch schälen und in feine Würfel schneiden.

5 Das Olivenöl in eine heiße Pfanne gießen, Zwiebel darin 1 Min. bei starker Hitze anbraten. Brokkoli dazugeben, mit 2 Prisen Salz und dem Zitronenabrieb würzen und 5 Min. anbraten. Mit 100 ml Wasser aufgießen, durchrühren, abdecken und ca. 10 Min. bei mittlerer Hitze schmoren. Dabei immer wieder umrühren.

6 Inzwischen die Nudeln in reichlich Salzwasser nach Packungsanleitung kochen und anschließend abgießen.

7 Für die Vinaigrette die passierten Tomaten mit Puderzucker, Zitronensaft, und Essig verrühren, mit 2 Prisen Salz und Pfeffer abschmecken, zum Schluss das Olivenöl einrühren.

8 Die heißen Nudeln mit der Tomatenvinaigrette mischen, nochmals mit Salz und Pfeffer abschmecken.

9 Jetzt Sardellen und Knoblauch zum Brokkoli geben, mit schwarzem Pfeffer würzen und alles ohne Deckel noch 2 Min. weiterbraten. Die Nudeln mit dem Brokkoli und dem Mandelpesto auf Tellern anrichten.

👍 Brokkolistiele auf keinen Fall wegwerfen. Unter der meist etwas holzigen Schale verbirgt sich saftiges Gemüse, das man braten, dünsten oder auch roh geraspelt und mariniert als Salat genießen kann.

Seelenfutter

KALBSRAHMBOLOGNESE MIT THYMIAN-PAPPARDELLE UND BUNTEN KIRSCHTOMATEN

ZUTATEN FÜR 2 PERSONEN

FÜR DIE KALBSRAHMBOLOGNESE
80 g Zwiebeln
60 g Karotten
80 g Staudensellerie
2 EL Olivenöl
300 g Kalbshackfleisch
Salz
1 EL Tomatenmark
1 TL brauner Zucker
200 ml Rosé- oder Weißwein
500 ml Kalbsfond oder Gemüsebrühe
1 TL Speisestärke
100 g Sahne
schwarzer Pfeffer aus der Mühle

FÜR DIE THYMIANNUDELN
250 g breite Nudeln, z. B. Pappardelle
4–6 Zweige frischer Thymian
2 EL Olivenöl

FÜR DIE BUNTEN KIRSCHTOMATEN
200 g bunte Kirschtomaten
1 TL Olivenöl
2 Knoblauchscheiben
Meersalzflocken, z. B. Fleur de Sel

1 Zwiebeln und Karotten schälen, vom Sellerie die groben Fäden abziehen und alles in feine Würfel schneiden.

2 Das Olivenöl in einem breiten Topf erhitzen, das Hackfleisch darin bei starker Hitze ca. 5 Min. krümelig braten, mit 2 Prisen Salz würzen. Zwiebeln und Gemüsewürfel dazugeben und 1 Min. mitbraten. Tomatenmark einrühren, unter ständigem Rühren kurz anrösten, dann den Zucker einstreuen. Alles mit einem Schuss Wein ablöschen, die Flüssigkeit einkochen lassen – den Vorgang noch zwei Mal wiederholen, dann den Fond angießen und aufkochen lassen. Die Bolognese abgedeckt bei mittlerer Hitze 35–40 Min. garen.

3 Inzwischen die Nudeln nach Packungsanleitung in reichlich kochendem Salzwasser bissfest garen. Dann in einem Sieb abtropfen lassen.

4 Die Thymianzweige waschen, trocken schütteln, Blättchen abzupfen und fein hacken. Das Olivenöl in einer großen Pfanne erhitzen, gehackten Thymian hineinstreuen, leicht salzen und kurz vor dem Servieren die heißen Nudeln darin schwenken.

5 Die Kirschtomaten waschen und die Haut kreuzförmig einritzen. Das Olivenöl in einer Pfanne erhitzen, Tomaten und Knoblauch darin kurz anbraten, durchschwenken, abdecken (Vorsicht, es spritzt!) und ca. 2 Min. bei mittlerer Hitze garen, bis die Haut aufplatzt. Die Tomaten auf einen Teller geben, vorsichtig häuten und mit 1 Prise Meersalzflocken würzen.

6 Jetzt noch die Speisestärke mit einem kleinen Schuss kaltem Wasser anrühren, dann in die kochende Bolognese rühren. Die Sahne dazugießen und die Sauce offen noch 5 Min. sämig einkochen lassen. Mit Salz und Pfeffer abschmecken, mit den Thymiannudeln und den gebratenen Kirschtomaten anrichten und servieren.

👍 Ich liebe Tomaten, aber im gegarten Zustand nur ohne Haut. Das süß-säuerliche Spiel ihrer Geschmacksnoten kann sich so viel besser entfalten. Machen Sie sich die Mühe, die Tomaten zu häuten – das lohnt sich auf jeden Fall.

SUPERSCHNELLE GARNELENRAVIOLI MIT KORIANDER UND CURRY-MANGO-BUTTER

ZUTATEN FÜR 2 PERSONEN

250 g Salzwasser-Garnelen, ohne Kopf und Schale
2–3 Stängel frischer Koriander
1 EL Sojasauce
Salz
Abrieb und Saft von ¼ Bio-Limette
2 Prisen Chiliflocken
16 Wan-Tan-Blätter (à 9 × 10 cm; s. u.)
Pflanzenöl zum Bestreichen

FÜR DIE CURRY-MANGO-BUTTER

1 kleines Stück frische Mango, geschält (60 g)
2 EL geröstete, gesalzene Cashewkerne
30 g Butter
2 gute Prisen Currypulver

AUSSERDEM

Dämpfeinsatz oder großer Bambusdämpfkorb

1 Die Garnelen der Länge nach halbieren, falls nötig den Darm entfernen. Garnelen in möglichst feine Würfel schneiden. Koriander waschen und trocken schütteln, Blättchen abzupfen und zur Seite stellen, Stiele ähnlich wie Schnittlauch ganz fein schneiden. Garnelen mit Korianderstielen, Sojasauce, 2 Prisen Salz, Limettenabrieb und -saft sowie Chili pikant würzen und gut vermischen.

2 Die Wan-Tan-Blätter auf der Arbeitsfläche ausbreiten, mit je 1 TL (knapp 20 g) Garnelenfüllung belegen, den Rand mit kaltem Wasser bepinseln, über Eck zusammenklappen, gut festdrücken. Wer mag, kann die Ecken mit einem runden Ausstecher (oder einem Glas) entfernen, sodass Halbmonde entstehen.

3 Den Boden des Dämpfeinsatzes leicht mit Öl bepinseln. Dämpfeinsatz auf einen passenden Topf (ca. 2 cm hoch mit Wasser gefüllt) stellen. Das Wasser aufkochen lassen, die Ravioli hochkant in den Dämpfkorb setzen und abgedeckt 7–8 Min. dämpfen.

4 Inzwischen die Mango in möglichst feine Würfel schneiden. Die Cashewkerne grob hacken.

5 Die Butter in einer großen Pfanne aufschäumen lassen, sie kann ruhig eine hellbraune Farbe annehmen (die Butter bekommt dadurch einen sehr schönen nussigen Geschmack), Currypulver einstreuen. Die Ravioli vorsichtig aus dem Dämpfeinsatz heben, in der heißen Currybutter schwenken, Mangowürfel und Cashewkerne dazugeben. Korianderblätter grob hacken, zu den Wan Tan geben, nochmals durchschwenken, anrichten und sofort servieren.

👍 Wan Tan sind hauchdünne Nudelblätter aus Weizenmehl – bekannt aus der chinesischen Küche. Man bekommt sie im Asialaden oder gut sortierten Supermarkt, meist tiefgefroren. Wenn Sie nicht alle sofort brauchen, können Sie die Blätter problemlos immer wieder einfrieren. Sie lassen sich mit klein gehacktem Fleisch, Fisch oder Gemüse füllen und dann dämpfen, kochen oder frittieren. Eine tolle und vor allem superschnelle, vielseitig einsetzbare Nudelsorte.

Seelenfutter

👍 Burrata ist eine Art Mozzarella. Der Name ist hier Programm – übersetzt bedeutet er »gebuttert« und genau so schmeckt dieser Käse! Sein Innenleben besticht durch cremig-sahnige Konsistenz. Während die Schnittfläche von Mozzarella faserig glatt ist, befindet sich im Inneren der Burrata die sogenannte Stracciatella – dünne Fäden aus Sahne.

GERÖSTETE GARNELEN MIT OLIVEN-KRÄUTER-SPINAT-NUDELN UND BURRATA

ZUTATEN FÜR 2 PERSONEN

FÜR DIE NUDELN
250 g Gemelli, Spiralnudeln oder Rigatoni
Salz
2½ EL Olivenöl
Abrieb von ¼ Bio-Zitrone
1 große Knoblauchzehe
40 g dunkle Oliven ohne Stein, z. B. Kalamata
½ Bund Salatkräuter, z. B. Dill, Petersilie, Basilikum, Schnittlauch, Kerbel (25 g)
100 g junger Blattspinat
1 EL Butter
schwarzer Pfeffer aus der Mühle

FÜR DIE GARNELEN
8 mittelgroße Salzwasser-Garnelen, ohne Kopf und Schale (180 g)
Meersalzflocken, z. B. Fleur de Sel
Saft von ¼ Bio-Zitrone
Chiliflocken

ZUM ANRICHTEN
200 g Burrata (oder Mozzarella)

1 Die Nudeln nach Packungsanleitung in reichlich kochendem Salzwasser bissfest garen. In einem Sieb abtropfen lassen, dann zurück in den Topf geben und mit 1 TL Olivenöl und dem Zitronenabrieb durchschwenken.

2 Inzwischen den Knoblauch schälen und in dünne Scheiben schneiden. Oliven je nach Größe halbieren oder vierteln. Kräuter waschen und trocken schütteln, Blätter abzupfen und grob hacken, Schnittlauch in feine Röllchen schneiden. Blattspinat putzen, waschen und in einem Sieb abtropfen lassen.

3 Eine große Pfanne erhitzen, 1½ EL Olivenöl hineingießen und den Knoblauch darin 1 Min. bei hoher Temperatur hell rösten. Spinat, Kräuter und Oliven hinzufügen, 1 Min. mitgaren, Nudeln dazugeben, gut durchrühren, zum Schluss die Butter unterschwenken und alles mit 2 Prisen Salz und Pfeffer abschmecken.

4 Die Garnelen der Länge nach halbieren, falls nötig den Darm entfernen. Garnelen mit der Schnittseite nach unten in eine heiße Pfanne ohne Fett legen, mit 2 Prisen Meersalzflocken würzen und 3 Min. bei starker Hitze braten. Die Garnelen wenden, 1 TL Olivenöl dazugeben, die Pfanne vom Herd ziehen und die Garnelen noch 1 Min. in der Resthitze glasig durchziehen lassen. Auf einen Teller geben, mit Zitronensaft beträufeln und mit 1 Prise Chiliflocken würzen.

5 Die Burrata in mundgerechte Stücke schneiden oder zupfen.

6 Die Nudeln nochmals erhitzen, Burrata und Garnelen unterheben, alles mit Salz und Pfeffer abschmecken, anrichten und sofort servieren.

WEISSWEINRISOTTO MIT PARMESAN UND ZWEIERLEI RUCOLA

ZUTATEN FÜR 2 PERSONEN

FÜR DEN WEISSWEINRISOTTO
½ Schalotte (30 g)
1 EL Olivenöl
150 g Rundkornreis,
  z. B. Arborio
Salz
100 ml trockener Weißwein
400 ml Hühner- oder
  Gemüsebrühe
20 g kalte Butter
20 g Parmesan, frisch gerieben

FÜR DAS RUCOLAÖL
20 g Rucola
4 EL Olivenöl
Zucker
schwarzer Pfeffer aus der
  Mühle

FÜR DEN MARINIERTEN RUCOLA
40 g Rucola
Abrieb und Saft von
  ¼ Bio-Zitrone
Meersalzflocken, z. B. Fleur
  de Sel
1 TL Olivenöl

ZUM ANRICHTEN
150 g kleine Kräuterseitlinge
1 TL Olivenöl
2 dünne Knoblauchscheiben
1 TL Butter
schwarzer Pfeffer aus der
  Mühle
frisch geriebene Muskatnuss

AUSSERDEM
Pürierstab

1 Die Schalotte schälen und in feine Würfel schneiden.

2 Das Olivenöl in einem Topf erhitzen, Schalotte darin 2 Min. ohne Farbe dünsten. Reis dazugeben, gleich mit 1 Prise Salz würzen und 1 Min. anbraten. Einen Schuss Weißwein angießen, einkochen lassen, dann den restlichen Weißwein dazugießen.

3 Die Brühe aufkochen lassen und schöpflöffelweise zum Reis geben, dabei immer wieder umrühren. Er sollte immer nur leicht mit Brühe bedeckt sein. So können die Reiskörner die Flüssigkeit nach und nach aufnehmen. Das dauert etwa 18–20 Min.

4 Inzwischen den Rucola putzen, waschen und trocken schütteln. Die Menge für das Rucolaöl in einen hohen Mixbecher geben, Öl dazugießen und mit dem Pürierstab fein zerkleinern. Mit je 1 Prise Salz, Zucker und Pfeffer abschmecken.

5 Restlichen Rucola in einer Schüssel mit dem Zitronenabrieb und -saft, 1 Prise Meersalzflocken, Pfeffer und Olivenöl marinieren.

6 Die Pilze putzen, je nach Größe halbieren und in 0,5 cm dicke Scheiben schneiden. Das Olivenöl in eine heiße Pfanne geben, die Pilze darin bei starker Hitze 4 Min. anbraten, dann wenden. Knoblauch und Butter in die Pfanne geben und die Pilze weitere 3 Min. goldbraun braten. Mit Salz, Pfeffer und Muskatnuss abschmecken.

7 Jetzt noch die Butter und den Parmesan in den fertigen Risotto rühren, falls nötig noch einmal salzen und pfeffern. Den Reis mit den gebratenen Pilzen, mariniertem Rucola und Rucolaöl anrichten.

Risotto muss schön cremig sein und auf der Zunge zergehen. Die Reiskörner sollten nicht zu hart, aber auch nicht zu weich sein. Hört sich kompliziert an – ist es aber gar nicht. Einfach nach 16 Min. immer wieder probieren, wie weit der Reis ist. Parmesan und Butter geben zum Schluss die perfekte Konsistenz und sorgen für geschmackliche Intensität.

Seelenfutter

Seelenfutter

CURRYWURST »DE LUXE«

ZUTATEN FÜR 2 PERSONEN

400 g Strauchtomaten
1 kleine Schalotte (40 g)
1 Knoblauchzehe
2 EL Olivenöl
1 Prise Zucker
Salz
1 kleine frische rote Chilischote
3 dicke rote Bockwürste (300 g)
1 EL Speisestärke
50 g Butterschmalz
1 TL Currypulver

ZUM ANRICHTEN

2 EL Naturjoghurt
Abrieb von ¼ Bio-Limette
½ TL Currypulver

1 Die Tomaten kurz mit einem Bunsenbrenner abflämmen (oder in kochendes Wasser tauchen, anschließend in Eiswasser abschrecken), dann mit einem kleinen Messer häuten.

2 Tomaten vierteln, Kerngehäuse sowie Strunk entfernen und das Fruchtfleisch in feine Würfel schneiden. Die Schalotte schälen und ebenfalls fein würfeln. Die Knoblauchzehe schälen und in feine Scheiben schneiden.

3 Das Olivenöl in einer großen Pfanne erhitzen, die Schalotte darin ca. 5 Min. bei schwacher Hitze hellbraun anbraten. Nun den Zucker einstreuen, durchrühren und karamellisieren lassen. Knoblauchscheiben und Tomatenwürfel zu der Schalotte in die Pfanne geben. Mit 2 Prisen Salz würzen und die Tomaten ca. 5 Min. leicht verköcheln lassen. Währenddessen die Chilischote in feine Ringe schneiden (wenn gewünscht, können die Kerne vorher entfernt werden) und zu den Tomaten geben.

4 Die Würste häuten, in 1,5 cm dicke Scheiben schneiden und in eine große Schüssel geben. Mit der Speisestärke bestreuen und gut durchschwenken.

5 Butterschmalz in einer großen Pfanne erhitzen. Die Wurstscheiben nebeneinander in das heiße Schmalz legen, 1–2 Min. knusprig braten, dann wenden und von der anderen Seite ebenfalls 1–2 Min. knusprig werden lassen. (Falls nicht alle Wurstscheiben auf einmal in die Pfanne passen, portionsweise braten.)

6 Die Wurstscheiben auf Küchenpapier abtropfen lassen.

7 Den Joghurt mit Limettenabrieb und Currypulver verrühren und mit 1 Prise Salz abschmecken.

8 Tomatensauce mit Currypulver und Salz abschmecken und auf Teller verteilen. Die knusprigen Currywurstscheiben daraufsetzen und mit etwas Currypulver bestäuben. Mit dem Joghurt und selbst gemachten knusprigen Kartoffelchips (s.u.) servieren.

👍 Für selbst gemachte Kartoffelchips 200 g vorwiegend festkochende Kartoffeln waschen, schälen und dann mit dem Sparschäler ringsherum lange dünne Streifen abschneiden. Kurz mit kaltem Wasser abbrausen, mit den Händen gut ausdrücken, auf einem Küchentuch ausbreiten und gut trocknen lassen. In einer tiefen Pfanne etwa 200 g Frittierfett erhitzen. Die Hälfte der Kartoffelstreifen hineinlegen, durchrühren und die Chips knusprig braun backen. Mit einer Schaumkelle herausheben, auf Küchenpapier abtropfen lassen, leicht salzen und pfeffern.

»FISH & CHIPS« – GEBACKENE FORELLE MIT WÜRZIGEN BRATKARTOFFELCHIPS

ZUTATEN FÜR 2 PERSONEN

FÜR DIE ZITRONENMAYONNAISE
50 g Mayonnaise (s. S. 84)
40 g Naturjoghurt
Saft von ¼ Bio-Zitrone
Salz
schwarzer Pfeffer aus der Mühle

FÜR DIE GEBACKENE FORELLE
40 g Weizenmehl (Type 405)
40 g Speisestärke
100 ml eiskaltes Wasser
6 EL Olivenöl
Abrieb von ¼ Bio-Zitrone
Meersalzflocken, z. B. Fleur de Sel
250 g frische Forellenfilets ohne Haut

FÜR DIE BRATKARTOFFELCHIPS
400 g festkochende oder vorwiegend festkochende Kartoffeln, z. B. Bamberger Hörnchen, rotschalige Laura
4–6 Stängel frische glatte Petersilie
200 ml Pflanzenöl zum Braten
2–3 Prisen Currypulver

1 Die Mayonnaise mit Joghurt und Zitronensaft verrühren, mit Salz und Pfeffer abschmecken. Bis zur Verwendung abdecken und kalt stellen.

2 Einen Topf mit Wasser aufstellen und gut salzen.

3 Die Kartoffeln gründlich waschen, ruhig mit der Schale in ca. 2 mm dicke Scheiben schneiden oder hobeln, und in dem kochenden Salzwasser 2 Min. garen. Mit einer Schaumkelle herausheben und auf Küchenpapier trocken tupfen.

4 Petersilie waschen und trocken schütteln. Blätter abzupfen und kurz vor dem Servieren grob hacken.

5 Das Pflanzenöl in einer großen Pfanne (oder in zwei kleineren) erhitzen, die Kartoffelscheiben gleichmäßig darin verteilen und ca. 12 Min. bei mittlerer Hitze knusprig backen. Die Kartoffeln dabei immer wieder wenden.

6 Inzwischen Mehl und Speisestärke in einer Schüssel mischen, eiskaltes Wasser und 1 EL Olivenöl mit einem Schneebesen unterrühren und den Teig mit Zitronenabrieb und 2 Prisen Meersalzflocken würzen.

7 Die Forellenfilets falls nötig von restlichen Gräten (meist in der Mitte im dickeren Teil der Filets) befreien. Filets quer halbieren und in ca. 2 cm breite und 10 cm lange Streifen schneiden. Leicht salzen und in dem Teig wenden.

8 Das restliche Olivenöl in eine heiße Pfanne gießen, die Fischstücke darin portionsweise 3 Min. braten, dann wenden und weitere 2 Min. hell ausbacken. Aus der Pfanne heben und auf Küchenpapier entfetten.

9 Die fertigen Kartoffeln aus der Pfanne heben, auf Küchenpapier abtropfen lassen. Mit 2 guten Prisen Meersalzflocken sowie Currypulver und Petersilie mischen und mit den Fischstücken und der Zitronenmayonnaise servieren.

👍 Currypulver ist eine herrliche Gewürzmischung – ich nenne es gern eine Art Geheimwaffe, denn die vielen Gewürze runden so manches Gericht ganz wunderbar ab. Enthalten sind vor allem Kurkuma, Koriander, schwarzer Pfeffer, Kreuzkümmel, Kardamom, Bockshornklee und Muskatnuss.

AROMATISIERTES RIB-EYE MIT ROTWEINZWIEBELN UND KNOBLAUCHBAGUETTE

ZUTATEN FÜR 2 PERSONEN

400 g Rib-Eye am Stück
Meersalzflocken, z. B. Fleur de Sel
schwarzer Pfeffer aus der Mühle
1 EL Olivenöl
1 Knoblauchzehe
4–6 Zweige frischer Thymian
1 EL Butter
dünn abgeschnittene Schale von ¼ Bio-Orange

FÜR DIE ROTWEINZWIEBELN

250 g rote Zwiebeln
1 gehäufter TL Puderzucker
Salz
1 EL Aceto balsamico
100 ml kräftiger Rotwein
100 ml Gemüsebrühe
½ TL Wacholderbeeren, im Mörser fein zerrieben

FÜR DAS KNOBLAUCHBAGUETTE

200 g Baguette
1 kleine Knoblauchzehe
30 g Butter
1 Stängel frische glatte Petersilie

AUSSERDEM

Mörser

1 Das Fleisch mit Meersalzflocken und Pfeffer von beiden Seiten kräftig würzen. Mit den Händen richtig durchmassieren und ca. 5 Min. stehen lassen.

2 Den Backofen auf 120 °C (Umluft) vorheizen.

3 Inzwischen die Zwiebeln so schälen, dass der Wurzelansatz dran bleibt, dann halbieren und in 0,5 cm dicke Spalten schneiden. Puderzucker in einer Pfanne schmelzen und ganz hell karamellisieren. Die Zwiebeln darin 2 Min. anbraten, gleich mit 2 Prisen Salz würzen, mit Essig ablöschen. Flüssigkeit einkochen lassen, dann Rotwein und Gemüsebrühe angießen und zum Kochen bringen. Zwiebeln abdecken und bei schwacher Hitze 15–20 Min. schmoren, bis sie weich sind. Nach 10 Min. die Wacholderbeeren dazugeben.

4 Parallel dazu das Olivenöl in einer Pfanne erhitzen, das Fleisch darin bei starker Hitze 4 Min. anbraten, wenden und 2 Min. weiterbraten. Das Fleisch auf das Ofengitter legen und im vorgeheizten Backofen (mittlere Schiene – mit einem Backblech als Tropfschutz darunter) 16–18 Min. rosa braten. Die Pfanne zur Seite stellen – nicht abspülen.

5 Das Baguette der Länge nach halbieren. Knoblauch schälen, in Scheiben schneiden, leicht salzen, Butterstücke darauf verteilen und den Knoblauch möglichst fein hacken. Petersilie waschen und samt den Stielen fein hacken, dann zur Butter geben. Das Baguette damit bestreichen.

6 Zum Aromatisieren des Fleischs den Knoblauch schälen und in Scheiben schneiden, Thymian waschen, trocken schütteln und samt Stiel fein schneiden. Die Bratpfanne wieder erhitzen, Butter darin aufschäumen lassen, Knoblauch, Thymian und Orangenschale hineingeben. Das Fleisch aus dem Ofen nehmen, für 1 Min. in die aromatisierte heiße Butter legen und immer wieder damit begießen. Den Ofen gleich auf Grillfunktion stellen und das Knoblauchbaguette darin 3–4 Min. goldbraun backen.

7 Zum Anrichten das Fleisch aus der Pfanne auf ein Brett geben und in Scheiben schneiden. Die Aromabutter zu den Rotweinzwiebeln gießen, die Sauce nochmals mit Salz und Pfeffer abschmecken. Die Fleischscheiben mit Rotweinzwiebeln und Knoblauchbaguette servieren.

👍 Perfektes Fingerfood: Die knusprig gebackenen Baguettescheiben mit den Rotweinzwiebeln und dem dünn aufgeschnittenen Steak belegen und mit reichlich schwarzem Pfeffer aus der Mühle würzen. Und als herzhafte Bruschette den Jungs – und natürlich auch den Mädels – zum Fußballabend servieren.

👍 Diese Hähnchenflügel werden auch ohne Panade schön knusprig! Sie werden zu Beginn kräftig mit Salz gewürzt. Dabei tritt Flüssigkeit aus, die wir dann als Bindemittel für das Mehl nutzen. Beim Braten entsteht dadurch eine schön knusprige Schicht – ähnlich wie beim Wiener Schnitzel, nur ganz ohne Brösel. Lecker und so einfach!

KNUSPRIGE HÄHNCHENFLÜGEL MIT TANDOORI-JOGHURT UND GEBRATENER PFEFFER-ANANAS

ZUTATEN FÜR 2 PERSONEN

FÜR DIE HÄHNCHENFLÜGEL
12 Hähnchenflügel (750 g)
Salz
100 g Frittierfett
30 g Weizenmehl (Type 405)

FÜR DEN TANDOORI-JOGHURT
120 g griechischer Joghurt
1 EL Tandoori-Paste (Asialaden)
Saft und Abrieb von
 ¼ Bio-Orange
1 Prise brauner Zucker

FÜR DIE ANANAS
1 Baby-Ananas (geschält 300 g)
2 Zweige frischer Thymian
½ TL rosa Pfefferbeeren
1 TL Butter

AUSSERDEM
Backpapier

1 Den Backofen auf 120 °C (Umluft) vorheizen.

2 Die Hähnchenflügel mit kaltem Wasser abbrausen und mit Küchenpapier gut abtrocknen. Die Flügel leicht auseinanderziehen, Haut und Sehne im Gelenk durchtrennen – aber nicht ins Fleisch schneiden. Hähnchenflügel in eine Schüssel geben, von beiden Seiten mit ca. 6 Prisen Salz würzen, gut einreiben und 5 Min. stehen lassen.

3 Inzwischen die Ananas putzen, schälen, braune »Augen« herausschneiden. Die Frucht halbieren und in sechs ca. 1,5 cm breite Spalten schneiden. Den Strunk entfernen. Thymian waschen und samt dem Stiel fein schneiden.

4 Das Frittierfett in einer großen Pfanne erhitzen. Die Hähnchenflügel mit Mehl bestäuben, gut durchrühren. Die Flügel nebeneinander ins heiße Fett legen (falls nötig portionsweise) und 4 Min. bei starker Hitze anbraten (evtl. mit einem schräg angelegten Deckel zum Schutz vor Spritzern). Die Hähnchenflügel wenden, weitere 6 Min. goldbraun braten und immer wieder wenden. Dann auf einem mit Backpapier ausgelegten Backblech verteilen und im vorgeheizten Ofen 10 Min. saftig durchziehen lassen.

5 Inzwischen den Joghurt mit Tandooripaste, Orangensaft und -schale verrühren und mit je 1 Prise Salz und Zucker abschmecken.

6 Eine große Pfanne erhitzen. Die Ananas darin bei starker Hitze 3 Min. anbraten, dann wenden. Rosa Pfefferbeeren zwischen den Fingerspitzen zerreiben und mit der Butter und dem Thymian zur Ananas geben. Alles noch 2 Min. in der Pfanne schwenken.

7 Die saftigen Hähnchenflügel mit der gebratenen Ananas und dem Tandoori-Joghurt anrichten, dazu Fladenbrot oder Weißbrot servieren.

GEBACKENE HÄHNCHENFILETS MIT HONIG-MARINADE UND SWEET-CHILI-CHINAKOHL

ZUTATEN FÜR 2 PERSONEN

FÜR DEN CHINAKOHL
1 kleiner Chinakohl (400 g)
Salz
1 EL Pflanzenöl
1 TL schwarzer Sesam (nach Belieben)
3 EL Sweet Chilisauce
2 EL helle Sojasauce
2–3 Stängel frischer Koriander

FÜR DIE HÄHNCHENFILETS
300 g Hähncheninnenfilets oder Hähnchenbrust ohne Haut (s. u.)
1 Eigelb (M)
1 EL Honig
1 EL helle Sojasauce
Abrieb von ¼ Bio-Limette
100 g Olivenöl
40 g Panko- oder Semmelbrösel (s. u.)
1 EL Butter

1 Den Chinakohl waschen, halbieren, Strunk entfernen. Den Kohl in 2–3 cm große Stücke schneiden, in eine Schüssel geben, mit 2–3 Prisen Salz würzen und mit den Fingern gut durchkneten. 5 Min. ziehen lassen.

2 Inzwischen das Fleisch falls nötig von feinen Sehnen befreien. Eigelb, Honig, Sojasauce und Limettenabrieb in einer kleinen Schüssel glatt rühren. Das Fleisch von beiden Seiten mit 2 Prisen Salz würzen, in die Honigmarinade legen, gut durchrühren und ebenfalls 5 Min. ziehen lassen.

3 Das Pflanzenöl für den Chinakohl in einer Pfanne erhitzen. Chinakohl darin 2 Min. bei starker Hitze anbraten, dabei immer wieder wenden; wer mag, gibt auch schwarzen Sesam dazu. Zum Schluss alles mit Chilisauce und Sojasauce würzen. Vom Herd nehmen und kurz beiseitestellen.

4 Das Olivenöl in einer großen Pfanne (oder zwei kleinere verwenden) erhitzen. Hähnchenfleisch aus der Marinade heben, von beiden Seiten in den Pankobröseln wenden, die Brösel leicht andrücken. Das Fleisch vorsichtig ins heiße Öl legen. 4 Min. bei mittlerer Hitze braten, dann wenden. 2 Min. weiterbraten, dann die Butter dazugeben und das Fleisch noch 1 Min. braten, dabei immer wieder mit dem Bratfett begießen. Die Hähnchenstücke aus der Pfanne heben, auf Küchenpapier abtropfen lassen.

5 Jetzt noch den Koriander waschen, trocken schütteln, Stiele fein schneiden, Blätter grob hacken. Chinakohl wieder erwärmen, mit dem Koriander verrühren und mit den knusprigen Hähnchenfilets servieren.

👍 Anstelle der Hähncheninnenfilets eignen sich natürlich auch Hühnerbrüste ohne Haut. Dafür einfach das Fleisch in ca. 1 cm breite und 10 cm lange Streifen schneiden. Dann wie im Rezept beschrieben panieren und in der Pfanne goldbraun braten. Mein Geheimtipp für knusprige Schnitzel, Hähnchenkeulen, Fisch oder paniertes Gemüse: Pankobrösel! Die etwas gröber und ohne Kruste (daher auch heller) geriebenen Brotbrösel erhalten Sie im Supermarkt oder Asialaden. Sie sind sehr trocken, sodass die Panade ganz besonders knusprig wird.

TINTENFISCHRINGE MIT WASABISAUCE UND ROMANA-SESAM-SALAT

ZUTATEN FÜR 2 PERSONEN

FÜR DIE WASABISAUCE
150 g Crème fraîche
1 EL Wasabipaste
Abrieb und Saft von
 ¼ Bio-Zitrone
Salz
1 Prise brauner Zucker

FÜR DEN TINTENFISCH
300 g Baby-Calamari,
 küchenfertig
60 g Speisestärke
4 EL kaltes Wasser
150 ml Olivenöl
60 g Panko- oder Semmelbrösel
Meersalzflocken, z. B. Fleur
 de Sel

FÜR DEN ROMANA-SESAM-SALAT
100 g Romanasalatherzen
1 kleines Bund frischer
 Schnittlauch
Saft von ½ kleinen Bio-Zitrone
2 Prisen brauner Zucker
schwarzer Pfeffer aus der
 Mühle
2 EL Olivenöl
1 TL Sesam, geröstet

1 Für die Wasabisauce die Crème fraîche mit Wasabi, Zitronenabrieb und -saft glatt rühren und mit 2 Prisen Salz sowie Zucker abschmecken.

2 Die Calamari für ca. 1 Min. in kochendes Salzwasser geben, dann abgießen, mit Küchenpapier trocken tupfen. Tuben in 1 cm dicke Ringe schneiden, Köpfe ganz lassen.

3 Die Romanasalatherzen putzen, halbieren, vom Strunk befreien und in Stücke schneiden.

4 Schnittlauch waschen, trocken schütteln und in 2–3 cm große Stücke schneiden. Zitronensaft mit 2 Prisen Salz, Zucker und schwarzem Pfeffer, Olivenöl sowie Sesam zu einem Dressing verrühren und zur Seite stellen.

5 Für die Calamari die Speisestärke in eine kleine Schüssel geben, mit kaltem Wasser glatt rühren. Tintenfischstücke dazugeben und alles gut vermischen.

6 Das Olivenöl in einer großen Pfanne erhitzen. Die Tintenfischstücke einzeln in den Pankobröseln wenden, Brösel etwas andrücken. Die Ringe nacheinander ins heiße Fett geben und ca. 5 Min. von beiden Seiten backen, bis sie goldbraun und knusprig sind. Vorsicht, das kann spritzen – falls nötig einen passenden Deckel schräg anlegen. Die Tintenfische mit einer Schaumkelle aus der Pfanne heben, auf Küchenpapier abtropfen lassen und mit 2 Prisen Meersalzflocken würzen.

7 Den Romanasalat mit Schnittlauch und Zitronendressing mischen, mit dem gebackenen Tintenfisch und der Wasabisauce anrichten und servieren.

👍 Tintenfisch darf auf keinen Fall zu lange gegart werden. Durch kurzes Blanchieren in kochendem Wasser blähen sich die Tuben auf und sie werden gleichzeitig vorgegart. Das Fleisch wird dabei fest, es verliert Wasser und man kann die Tintenfische besser in Ringe schneiden. Im heißen Frittierfett werden sie dann ein zweites Mal gegart, bis sie butterweich und zart sind – und von zähen »Fahrradschläuchen« keine Spur.

👍 Sojasauce und Sesamöl geben dem Ausbackteig eine interessante, würzige Note, die perfekt zum grünen Spargel passt. Nach dem Bestäuben der Spargelstangen mit Speisestärke bleibt der Teig besser haften.

GRÜNES SPARGELTEMPURA »SATT« MIT SCHNITTLAUCHDIP UND GEHACKTEM EI

ZUTATEN FÜR 2 PERSONEN

FÜR DAS SPARGELTEMPURA
2 Bund grüner Spargel (1 kg)
80 g Weizenmehl (Type 405)
80 g Speisestärke + 1 EL zum Bestäuben
200 ml eiskaltes Wasser
1 EL Olivenöl
2 EL helle Sojasauce
1 TL geröstetes Sesamöl
200 ml Frittierfett

FÜR DEN SCHNITTLAUCHDIP
100 g Mayonnaise (s. S. 84)
40 g Crème fraîche
1 kleines Bund frischer Schnittlauch
1 hart gekochtes Ei
Abrieb und Saft von ¼ Bio-Zitrone
Salz
1 Prise brauner Zucker
2 Prisen Chiliflocken

ZUM ANRICHTEN
Meersalzflocken, z. B. Fleur de Sel

AUSSERDEM
Backpapier

1 Spargel putzen, holzige Enden abschneiden. Die Stangen im unteren Drittel schälen, dann halbieren.

2 Mehl und Speisestärke in einer Schüssel mischen und mit Wasser, Olivenöl, Sojasauce und Sesamöl zu einem glatten Teig verrühren. 5 Min. stehen lassen.

3 Inzwischen Mayonnaise und Crème fraîche verrühren. Schnittlauch waschen, trocken schütteln und in feine Röllchen schneiden. Das Ei schälen und fein würfeln. Ebenfalls unter die Mayonnaise rühren. Den Dip mit Zitronenabrieb und -saft verfeinern und mit Salz, Zucker und Chiliflocken pikant abschmecken.

4 Den Backofen auf 100 °C (Umluft) vorheizen.

5 Das Frittierfett in einer großen Pfanne oder einem Topf erhitzen. Spargel in eine Schüssel geben, mit 1 EL Stärke bestäuben und gut durchrühren. Die Spargelstücke dann nacheinander durch den Teig ziehen, kurz abtropfen lassen und ins heiße Fett legen. Ca. 5 Min. hell und knusprig backen, dann mit einer Schaumkelle herausheben. Auf Küchenpapier entfetten, dann auf einem mit Backpapier ausgelegten Blech im Ofen warm halten, während der restliche Spargel nach und nach ausgebacken wird. Zum Schluss alles mit 3–4 Prisen Fleur de Sel bestreuen.

6 Das Spargeltempura mit dem Schnittlauchdip anrichten und servieren.

PIZZABROT AUS DER PFANNE MIT BASILIKUM-FENCHEL-SALZ

ZUTATEN FÜR 2 PERSONEN

FÜR DEN TEIG
300 g Pizzateig (aus dem Kühlregal oder selbst gemacht, s. u.)
100 g Butterschmalz
Mehl für die Arbeitsfläche

FÜR DAS BASILIKUM-FENCHEL-SALZ
2 Stängel frisches Basilikum
2 Prisen Fenchelsamen
2–3 Prisen Chiliflocken
Meersalzflocken, z. B. Fleur de Sel
Zucker

FÜR DEN TOMATENSALAT
400 g bunt gemischte, reife, aromatische Tomaten
200 g Burrata oder Büffelmozzarella
Olivenöl zum Beträufeln

ZUM ANRICHTEN
einige frische Basilikumspitzen

AUSSERDEM
Nudelholz
Mörser

1 Den Pizzateig auf der bemehlten Arbeitsfläche mit dem Nudelholz etwas dünner rollen, in vier gleich große Stücke teilen und die Ränder kordelartig aufdrehen.

2 Das Butterschmalz in einer großen Pfanne erhitzen. Ein Teigstück hineinlegen, 1 Min. bei starker Hitze anbacken, wenden, noch 1 Min. weiterbacken, bis es goldbraun ist, dann mit einer Schaumkelle herausheben und auf Küchenpapier entfetten. Die restlichen Teigstücke nacheinander ausbacken.

3 Basilikum waschen, Blätter abzupfen und in feine Streifen schneiden. Fenchelsamen im Mörser fein zerreiben, Chili, Basilikum, Meersalzflocken und Zucker dazugeben und nochmals durchreiben.

4 Die Tomaten waschen, grünen Strunk entfernen. Tomaten in mundgerechte Stücke oder Spalten schneiden. Burrata oder Mozzarella halbieren, in Scheiben schneiden oder in Stücke zupfen.

5 Die Teigstücke mit Tomaten- und Burratascheiben belegen, mit dem Gewürzsalz bestreuen. Einige Tropfen Olivenöl darüberträufeln, die Basilikumspitzen dazugeben und das Pizzabrot lauwarm servieren.

👍 Wenn Sie das Pizzabrot für mehr als zwei Personen zubereiten, lohnt es sich auf jeden Fall, den Teig selbst zu machen. Für 4 Personen 500 g Mehl, ½ Würfel frische Hefe (21 g) (zwischen den Fingerspitzen zerbröselt), 280 ml lauwarmes Wasser, 2 EL Olivenöl, 1 Prise Zucker und ½ TL Salz in eine Schüssel geben und am besten mit der Küchenmaschine oder den Knethaken des Handrührgeräts einige Minuten zu einem glatten Teig verkneten. Auf der bemehlten Arbeitsfläche nochmals durchkneten, wieder zurück in die Schüssel geben, mit einem Küchentuch abdecken und 20 Min. an einem warmen Ort gehen lassen. Den Teig in kleine Stücke schneiden, in der Hand verkneten und zu kleinen runden Teiglingen formen. Dann mit dem Nudelholz auf der bemehlten Arbeitsfläche dünn ausrollen und im Butterschmalz – wie oben beschrieben – ausbacken. Alternativ auf ein mit Backpapier ausgelegtes Blech legen, nochmals kurz gehen lassen und im Ofen bei 200 °C 10–15 Min. backen.

QUARKSOUFFLÉ MIT CAIPIRINHA-HIMBEEREN

ZUTATEN FÜR 2 PERSONEN

FÜR DIE QUARKMASSE
1 Ei (L)
40 g Puderzucker + Puderzucker zum Bestäuben
1 Prise Salz
125 g Magerquark
10 g Speisestärke
Mark von ¼ Vanilleschote
1 Msp. Abrieb von
 1 Bio-Limette
weiche Butter zum Bestreichen der Formen
Zucker zum Ausstreuen der Formen

FÜR DIE CAIPIRINHA-HIMBEEREN
125 g frische Himbeeren
1 TL brauner Zucker
2 EL Wodka, Cachaça oder Himbeergeist (nach Belieben)
Abrieb und Saft von
 ¼ Bio-Limette
4 Blätter frische Minze und zwei Spitzen zum Anrichten

AUSSERDEM
Handrührgerät
2 kleine Souffléformen oder ofenfeste Tassen

1 Den Backofen auf 200 °C (Ober- und Unterhitze) vorheizen.

2 Das Ei trennen, Eiweiß mit Puderzucker und Salz in einer fettfreien Schüssel mit dem Handrührgerät cremig – d.h. nicht zu fest – aufschlagen.

3 Quark mit Eigelb, Stärke, Vanillemark und Limettenabrieb glatt rühren, dann das cremig gerührte Eiweiß unterheben.

4 Die Formen oder Tassen mit Butter gut einpinseln, je 1 EL Zucker auf den Boden der Formen streuen und so lange drehen und wenden, bis das ganze Förmchen bis hin zum Rand gut gezuckert ist. Übrigen Zucker ausklopfen.

5 Nun die Quarkmasse gleichmäßig – die Formen sollten ¾ voll sein – in die vorbereiteten Formen füllen, mehrmals auf die Arbeitsfläche aufstoßen, damit sich Luftbläschen lösen können.

6 Die Formen in den vorgeheizten Backofen auf das Ofengitter stellen (mittlere Schiene) und die Soufflés ca. 25 Min. goldbraun backen.

7 Inzwischen die Himbeeren verlesen, in eine Schüssel geben und mit braunem Zucker, Wodka, Limettenabrieb und -saft verrühren, dann mit einer Gabel grob zerdrücken. Die Minze waschen, trocken schütteln, in feine Streifen schneiden und die Himbeeren damit verfeinern. Bis zum Servieren durchziehen lassen.

8 Die fertigen Quarksoufflés (Vorsicht, heiß!) aus dem Ofen nehmen, mit Puderzucker bestäuben und am besten gleich in der Form mit den Himbeeren und frischer Minze garniert servieren.

👍 Durch das sorgfältige Buttern und Zuckern der Formen bäckt das Quarksoufflé schöner, d.h., es geht ganz gleichmäßig in der Form auf – zugegeben nur ein optischer Vorzug – aber das Auge isst ja mit. Je nach Jahreszeit können Sie das Soufflé auch mit anderen Aromen verfeinern, wie Orangen- oder Zitronenschale, dann noch etwas Zimt dazu – herrlich. Die Vielfalt ist groß, auch bei der Auswahl der Früchte. Es passen marinierte Erdbeeren, Orangen oder auch Mandarinen. Für einen Hauch Exotik bieten sich Mango oder Papaya an.

SCHMECKT WIE BEI OMA

Diese Küche verbindet Generationen: Gerichte und Zutaten, die wir alle lieben, die uns ein Gefühl von Heimat und Früher vermitteln. Aber: Feierabends ist nicht ganz so viel Zeit, um Hackbraten, Kaiserschmarrn und Kasseler auf den Tisch zu bringen. Oder etwa doch?

HERZHAFTER KAISERSCHMARRN MIT FEINEN BROTGEWÜRZEN UND PFEFFERAPRIKOSEN

ZUTATEN FÜR 2 PERSONEN

FÜR DEN KAISERSCHMARRN
3 Eier (M)
50 g Weizenmehl (Type 405)
100 ml Milch
2 EL Sahne
½ TL gemahlenes Brotgewürz (Fertigprodukt; s. u.)
2 gute Prisen getrockneter Majoran
schwarzer Pfeffer aus der Mühle
Salz
2 EL Butter
½ Schalotte (20 g)
4 Scheiben Frühstücksspeck
2 gute Prisen Puderzucker

FÜR DIE PFEFFERAPRIKOSEN
80 g getrocknete Aprikosen
1 EL Aprikosenkonfitüre

FÜR DEN DIP
2 gehäufte EL Crème fraîche
2 gehäufte EL Sauerrahm
1 Msp. Abrieb von 1 Bio-Zitrone
1 Prise Zucker

AUSSERDEM
Handrührgerät

1 Den Backofen auf 180 °C (Umluft) vorheizen.

2 Für den Kaiserschmarrn die Eier trennen. Eigelbe mit Mehl, Milch, Sahne, Brotgewürz, Majoran und etwas Pfeffer mit dem Schneebesen zu einem glatten Teig verrühren. Die Eiweiße mit 2 guten Prisen Salz in einer fettfreien Schüssel mit dem Handrührgerät cremig aufschlagen und locker unter den Teig heben.

3 In einer ofenfesten großen Pfanne (evtl. den Griff mit Alufolie umwickeln) 1 EL Butter erhitzen. Den Teig gleichmäßig hineingießen und 1 Min. bei mittlerer Hitze anbraten. Dann die Pfanne auf das Ofengitter im Backofen (mittlere Schiene) stellen und den Kaiserschmarrn ca. 10 Min. backen, bis er goldbraun ist.

4 Inzwischen die Schalotte schälen und in feine Streifen schneiden. Speck in ca. 2 cm breite Stücke schneiden, in eine große kalte Pfanne legen und bei mittlerer Hitze von beiden Seiten in 5 Min. nicht zu dunkel, aber knusprig braten. 1 TL Butter und die Schalotte dazugeben und 2 Min. bei mittlerer Hitze weiterbraten. Die Speckzwiebeln aus der Pfanne auf einen Teller geben, das Bratfett in der Pfanne lassen.

5 Die Aprikosen je nach Größe halbieren oder vierteln. Die Konfitüre mit 2 EL Wasser in einem kleinen Topf erhitzen und glatt rühren. Aprikosen dazugeben und 3 Min. bei schwacher Hitze köcheln lassen. Zum Schluss mit reichlich frischem, ruhig etwas gröber gemahlenem Pfeffer aus der Mühle würzen.

6 Für den Dip alle Zutaten miteinander verrühren und mit je 1 Prise Salz, Zucker und Pfeffer abschmecken.

7 Den Kaiserschmarrn aus dem Ofen nehmen, auf ein Schneidebrett stürzen und in grobe Stücke zupfen oder schneiden. Die Bratpfanne (der Speckzwiebeln) wieder erhitzen, den Puderzucker hineinstreuen und leicht karamellisieren lassen. Die Kaiserschmarrnstücke in der Pfanne 2 Min. bei mittlerer Hitze langsam ringsherum goldbraun braten, dabei immer wieder wenden.

8 Zum Schluss die Speckzwiebeln unterheben, nochmals durchrühren und den Kaiserschmarrn mit frisch angemachten Petersilienblättchen, den Pfefferaprikosen sowie dem Dip servieren.

👍 Den klassischen Kaiserschmarrn kennt jeder – er ist ein süßer Gaumenschmaus. Die herzhafte Variante dagegen vereint alle Geschmacksrichtungen, die wir kennen. Süß, sauer, bitter, salzig – alles dabei. Dazu das Brotgewürz, bestehend aus Kümmel, Koriander, Fenchel und Anis – eine Offenbarung.

KARTOFFELGRÖSTL MIT DEBRECZINERN UND RAHMGURKEN

ZUTATEN FÜR 2 PERSONEN

FÜR DAS KARTOFFELGRÖSTL
400 g festkochende kleine Kartoffeln, z. B. Bamberger Hörnchen
Salz
1 TL Kümmel
1 kleine Zwiebel (70 g)
3–4 Stängel frische glatte Petersilie
2 Paar Debrecziner oder Cabanossi (160 g)
1 EL Butterschmalz
1 EL mittelscharfer Senf
schwarzer Pfeffer aus der Mühle

FÜR DIE RAHMGURKEN
1 Salatgurke (400 g)
½ Bund frischer Dill
50 g saure Sahne
1 EL Weißweinessig
2 Prisen Zucker
1 EL Rapsöl

AUSSERDEM
Küchenhobel
Pürierstab

1 Die Kartoffeln gründlich waschen, nicht schälen. Der Länge nach halbieren und in einen Topf geben, mit Wasser bedecken, gut mit Salz und Kümmel würzen und in ca. 12 Min. bissfest garen. Danach abgießen und etwas abkühlen lassen.

2 Inzwischen die Gurke waschen, schälen und in feine Scheiben hobeln. In eine Schüssel geben, mit 2 Prisen Salz würzen, gut durchmischen und 5 Min. stehen lassen. Dill waschen, trocken schütteln, Dillstiele und Spitzen (einige Spitzen zur Dekoration beiseitelegen) grob zerkleinern, mit saurer Sahne, Essig, Zucker und Öl in einen hohen Mixbecher geben und zu einem Dressing mixen. Mit Gurkenwasser (aus der Schüssel) und Pfeffer feinwürzig abschmecken. Die Gurkenscheiben mit 3 EL grünem Dressing mischen.

3 Für das Gröstl die Zwiebel schälen, halbieren und in hauchfeine Streifen schneiden.

4 Die Petersilie waschen, trocken schütteln, Stiele fein schneiden, Blätter grob hacken. Die Debrecziner in mundgerechte Stücke schneiden.

5 Das Butterschmalz in einer großen Pfanne erhitzen und die Kartoffeln darin 6 Min. bei mittlerer Hitze goldbraun anbraten. Zwiebelstreifen dazugeben, 1 Min. mitbraten, dann die Debrecziner hinzufügen und alles noch 1 Min. weiterbraten. Zum Schluss den Senf einrühren, Petersilienstiele und -blätter dazugeben, alles durchschwenken und mit Salz und Pfeffer würzen.

6 Das Gröstl mit dem Gurkensalat auf Tellern anrichten, verbleibendes Dressing mit dem Pürierstab schaumig aufmixen und als »Sauce« dazugeben. Mit Dillspitzen garniert servieren.

👍 Irgendwie kommt beim Kochen von Pellkartoffeln doch kein Salz ans Innere. Deshalb halbiere ich die ungeschälten Kartoffeln, würze das Kochwasser gleich mit reichlich Salz und Kümmel und bekomme so einen tollen Geschmack. Außerdem bleibt beim Abgießen Kümmel an den Kartoffeln haften – und den brauche ich beim Gröstl unbedingt. Wer die ganzen Kümmelsamen nicht mag, kann das fertig gebratene Gröstl auch mit fein gemahlenem Kümmel abschmecken. Machen Sie sich dann aber die Mühe, den Kümmel frisch zu mahlen – das funktioniert ganz einfach mit einer Gewürzmühle oder im Mörser. Und es lohnt sich auf jeden Fall.

Schmeckt wie bei Oma

KARAMELLISIERTES SCHWEINEFILET MIT MAJORAN UND SPECK-GEWÜRZ-BRÖSELN

ZUTATEN FÜR 2 PERSONEN

FÜR DAS SCHWEINEFILET
400 g Schweinefilet
Salz
schwarzer Pfeffer aus der Mühle
1 EL Olivenöl
2–3 Zweige frischer Majoran
1 TL Puderzucker
1 EL Butter

FÜR DAS LAUCHGEMÜSE
1 kleine Lauchstange (250 g)
1 EL Butter
100 g Sahne
1 gehäufter TL mittelscharfer oder grobkörniger Senf
frisch geriebene Muskatnuss

FÜR DIE SPECK-GEWÜRZ-BRÖSEL
1 kleines Stück trockenes Weißbrot oder Baguette (vom Vortag, 30 g)
2 Scheiben Frühstücksspeck
1 EL Butter
2 Prisen Kümmelsamen
2 Prisen Korianderkörner
einige schwarze Pfefferkörner
Abrieb von ¼ Bio-Zitrone

AUSSERDEM
Pürierstab
Mörser

1 Den Backofen auf 120 °C (Umluft) vorheizen. Das Schweinefilet von Sehnen befreien, falls nötig, dann in 4,5–5 cm dicke Scheiben schneiden. Auf die Schnittfläche legen und mit der Hand etwas flach drücken. Das Fleisch von beiden Seiten mit Salz und Pfeffer würzen. In einer heißen Pfanne mit Olivenöl bei starker Hitze 2 Min. anbraten, wenden, noch 1 Min. ringsherum – also auch die Seiten – bräunen. Dann auf das Ofengitter legen und ca. 10 Min. (mittlere Schiene, mit einem Backblech als Tropfschutz darunter) fertig garen.

2 Inzwischen den Lauch putzen, der Länge nach halbieren, gründlich waschen, trocken schütteln und in ca. 1 cm große Stücke schneiden. Die Butter in einem Topf aufschäumen lassen. Lauch hineingeben, gleich mit 2 Prisen Salz würzen, durchrühren, 3 Min. ohne Farbe anbraten. 50 ml Wasser dazugießen und den Lauch bei schwacher Hitze weitere 3 Min. garen. Dann mit der Sahne aufgießen, sämig einkochen lassen, Senf einrühren und das Gemüse mit Salz, Pfeffer und Muskatnuss abschmecken.

3 Das Brot in ein hohes Gefäß zupfen und mit dem Pürierstab nicht zu fein zerkleinern.

4 Speck in kleine Würfel schneiden, in eine kalte Pfanne legen und 2–3 Min. hell anbraten. Aus der Pfanne auf einen Teller geben.

5 In derselben Pfanne die Butter aufschäumen lassen, die Brotbrösel hineingeben und 2 Min. goldbraun braten.

6 Parallel dazu die Gewürze im Mörser fein zerreiben und die Brösel damit würzen. Jetzt noch mit Zitronenabrieb verfeinern und die Speckwürfel untermischen.

7 Majoran waschen, trocken schütteln und die Blätter abzupfen.

8 Puderzucker in einer Pfanne hell karamellisieren. Das Fleisch aus dem Ofen nehmen, in den heißen Karamell setzen. Butter und Majoranblättchen dazugeben und kurz durchschwenken.

9 Schweinefilet mit Lauchgemüse und knusprig gebratenen Speck-Gewürz-Bröseln auf Tellern anrichten und servieren.

👍 Blumenkohl – nicht jedermanns Sache, weil er oft etwas muffig schmeckt. Deshalb garen wir das Gemüse hier nur ganz kurz in Salzwasser vor, um die Struktur zu knacken, und backen ihn dann in einem zarten Teig knusprig aus. Ein Klassiker, neu interpretiert – so schmeckt Blumenkohl fantastisch.

GEBACKENER BLUMENKOHL MIT SCHNITTLAUCH-SCHMAND UND LACHSSCHINKEN

ZUTATEN FÜR 2 PERSONEN

FÜR DEN BLUMENKOHL
400 g Blumenkohl
Salz
40 g Weizenmehl (Type 405)
40 g Speisestärke
½ TL Backpulver (3 g)
100 ml Eiswasser
1 EL Rapsöl
frisch geriebene Muskatnuss
Abrieb von ¼ Bio-Zitrone
300 ml Frittierfett

FÜR DEN SCHNITTLAUCHSCHMAND
150 g Schmand
1 Bund frischer Schnittlauch
schwarzer Pfeffer aus der Mühle

ZUM ANRICHTEN
100 g Lachsschinken, hauchdünn aufgeschnitten
2 Zitronenspalten

1 Blumenkohl putzen, waschen, dann in nicht zu große einzelne Röschen teilen und in kochendem Salzwasser ca. 2 Min. sprudelnd kochen. In ein Sieb abgießen, mit kaltem Eiswasser abschrecken und gut abtropfen lassen.

2 Für den Teig Mehl mit Stärke und Backpulver mischen, Eiswasser und Rapsöl einrühren. Den Teig mit 3–4 Prisen Salz, Muskatnuss und Zitronenabrieb würzen und 5 Min. stehen lassen.

3 Das Frittierfett in einer großen Pfanne oder einem Topf erhitzen.

4 Den Schmand in einer Schüssel glatt rühren. Schnittlauch waschen, trocken schütteln und in feine Röllchen schneiden. Schmand mit Schnittlauch, 2 Prisen Salz und Pfeffer würzen.

5 Die Blumenkohlröschen nacheinander durch den Teig ziehen, kurz abtropfen lassen, dann vorsichtig in das heiße Fett legen und 5 Min. ringsherum goldbraun ausbacken. Mit einer Schaumkelle herausheben und zum Entfetten auf Küchenpapier legen. Auf diese Weise nach und nach den gesamten Blumenkohl knusprig backen.

6 Gebackenen Blumenkohl mit Schnittlauchschmand, Lachsschinken und Zitronenspalten anrichten und vor dem Servieren noch mit einigen Spritzern Zitronensaft beträufeln.

Schmeckt wie bei Oma

👍 Essiggurkensud aus dem Glas finde ich richtig klasse, denn er enthält viele Gewürze wie Dill, Senfkörner, Pfeffer, Lorbeer und Piment – und natürlich Essig. Das macht ihn zu einer tollen Basis für Dressings – für Blattsalate genauso wie für Wurst- oder Käsesalat – also bitte auf keinen Fall weggießen!

KOPFSALAT MIT OMAS DILLDRESSING UND GEBRATENER BLUTWURST IN SENFKRUSTE

ZUTATEN FÜR 2 PERSONEN

FÜR DEN KOPFSALAT
1 kleiner Kopfsalat (250 g)
2 Essiggurken aus dem Glas (80 g)
2 EL Essiggurkensud
2 EL Weißwein- oder Branntweinessig
Salz
schwarzer Pfeffer aus der Mühle
2 Prisen Zucker
2 EL Rapsöl
3–4 Stängel frischer Dill

FÜR DIE BLUTWURST
300 g Blutwurst
mittelscharfer Senf zum Bestreichen
1 EL Butterschmalz
1–2 EL Wiener Grießler (doppelgriffiges Mehl)

ZUM ANRICHTEN
essbare Blüten, z. B. Kapuzinerkresse oder Hornveilchen (nach Belieben)

1 Den Kopfsalat putzen, waschen, trocken schütteln und in mundgerechte Stücke zupfen – das Herz einfach nur halbieren. Die Essiggurken in kleine Würfel schneiden.

2 Für das Dressing Gurkensud und Essig mit 2 Prisen Salz, Pfeffer sowie Zucker verrühren, zum Schluss das Rapsöl untermischen.

3 Dill waschen und trocken schütteln, Stiele fein schneiden, Spitzen grob zerzupfen. Die Dillstiele zum Dressing geben, Spitzen zur Seite stellen.

4 Die Blutwurst pellen und in ca. 1 cm dicke Scheiben schneiden. Auf jede Scheibe einen kleinen Tupfen Senf geben, mit einer zweiten Scheibe verstreichen und so allmählich einen kleinen Turm bauen – so sind beide Wurstseiten ganz schnell mit Senf bestrichen.

5 Das Butterschmalz in einer großen Pfanne erhitzen. Die Wurstscheiben in Wiener Grießler wenden und nacheinander ins heiße Schmalz legen. Von beiden Seiten 2–3 Min. goldbraun braten.

6 Den Kopfsalat mit Essiggurken, Dressing und Dillspitzen mischen, nochmals abschmecken, nach Geschmack noch mit essbaren Blüten verfeinern und mit den gebratenen Blutwurstscheiben servieren. Wer mag, kann geröstete Bauernbrotscheiben dazu servieren, und ein Schüsselchen mit Senf schadet auch nicht.

»GEFÜLLTE PAPRIKA« MIT GULASCH-GEWÜRZBUTTER UND SELLERIESTAMPF

ZUTATEN FÜR 2 PERSONEN

FÜR DEN SELLERIESTAMPF
150 g Knollensellerie, geschält
Salz
40 g Sahne
frisch geriebene Muskatnuss

FÜR DIE »GEFÜLLTEN PAPRIKA«
1 rote Paprikaschote (250 g)
1 gelbe Paprikaschote (250 g)
1 kleine Zwiebel (60 g)
4 EL Olivenöl
Meersalzflocken, z. B. Fleur de Sel
300 g gemischtes Hackfleisch aus Schwein und Rind
1 Ei (M)
½ TL edelsüßes Paprikapulver
schwarzer Pfeffer aus der Mühle
1 EL mittelscharfer Senf
1 eingelegte Sardelle in Öl, fein gehackt

FÜR DIE GEWÜRZBUTTER
1 kleines Stück Schale von einer Bio-Orange
4 dünne Knoblauchscheiben
1 TL kalte Butter
1 Zweig frischer Majoran, Blätter abgezupft, oder 2 Prisen getrockneter Majoran
2 Prisen Chiliflocken

AUSSERDEM
Kartoffelstampfer

1 Den Sellerie in ca. 0,5 cm große Würfel schneiden, in einen Topf geben, mit Wasser bedecken (ca. 100 ml), mit 2 Prisen Salz würzen. Aufkochen lassen und abgedeckt in ca. 15 Min. weich garen. Abgießen, dann zurück in den Topf geben und etwas ausdampfen lassen. Die Sahne dazugießen und 2 Min. sämig einkochen. Sellerie mit dem Kartoffelstampfer fein stampfen, mit Salz und Muskatnuss abschmecken.

2 Inzwischen die Paprikaschoten waschen, putzen, entkernen und vierteln. Mit dem Sparschäler schälen, dann quer in 0,5 cm dicke, kurze Streifen schneiden. Zwiebel schälen, halbieren und in feine Streifen schneiden. Für die Gewürzbutter alle Zutaten miteinander vermischen und auf dem Schneidebrett möglichst fein hacken.

3 In einem Topf 3 EL Olivenöl erhitzen, Paprika darin anbraten. Zwiebel dazugeben, gleich mit 2 Prisen Meersalzflocken würzen und durchrühren. Dann bei schwacher Hitze offen 15–20 Min. garen, bis das Gemüse weich ist, dabei immer wieder umrühren. Ganz zum Schluss mit der Gewürzbutter verfeinern.

4 Den Backofen auf Grillfunktion stellen.

5 Das Hackfleisch mit dem Ei in eine Schüssel geben. Mit Paprikapulver, 2–3 Prisen Salz, Pfeffer, Senf und gehackter Sardelle würzen und alles zu einer homogenen Masse vermengen.

6 Die Fleischmasse mit angefeuchteten Händen zu vier gleich großen Kugeln formen, etwas flach drücken. In eine heiße Pfanne mit 1 EL Olivenöl legen und bei mittlerer Hitze 2 Min. anbraten, wenden und weitere 3 Min. bräunen. Einen passenden Deckel schräg anlegen und die Fleischpflanzerl weitere 3 Min. von allen Seiten braten. In eine ofenfeste Form setzen, jedes mit Selleriestampf bedecken und im Backofen (oberste Schiene) 2–3 Min. überbacken.

7 Die Hackbällchen mit dem Paprikagemüse anrichten und servieren.

👍 Hier nehmen wir die Zutaten für gefüllte Paprikaschoten – den Reis sparen wir uns – als Basis und setzen sie neu in Szene. Der gratinierte Selleriestampf sorgt nicht nur für eine tolle Optik – er steuert gleichzeitig ein herrlich süßlich-nussiges Aroma bei. Auch wichtig: Durch die starke Hitze beim Gratinieren wird das Fleisch im Kern gar.

ROASTBEEFROULADE MIT SENF-GURKEN-SAUCE UND DICKEN KAROTTENRÖSTI

ZUTATEN FÜR 2 PERSONEN

FÜR DIE KAROTTENRÖSTI
1 Karotte (130 g)
2 mehligkochende Kartoffeln (300 g)
Salz
2 Prisen Koriander, gemahlen
schwarzer Pfeffer aus der Mühle
frisch geriebene Muskatnuss
50 g Butterschmalz

FÜR DIE ROASTBEEFROULADEN
80 g dünne Frühlingszwiebeln (dickere Stangen der Länge nach halbieren)
6 dünne Scheiben Roastbeef (à 50–60 g)
mittelscharfer Senf zum Einstreichen
6 Scheiben Frühstücksspeck (100 g)
1 EL Rapsöl

FÜR DIE SAUCE
80 ml Essiggurkensud
1 EL mittelscharfer Senf
1 EL süßer Senf (Weißwurstsenf) oder grobkörniger Senf
100 g Sahne
50 g Essiggurken
2 Prisen getrockneter Estragon oder 1 kleiner Stängel frischer, gehackt (nach Belieben)

AUSSERDEM
Küchenreibe
Fleischklopfer

1 Karotte und Kartoffeln waschen, schälen, dann mit der Küchenreibe grob raspeln. In eine Schüssel geben, mit 2 guten Prisen Salz würzen und gründlich durchkneten. Kurz stehen lassen, dann mit den Händen fest ausdrücken und mit Koriander, Pfeffer und Muskatnuss abschmecken.

2 Ca. 40 g Butterschmalz in einer mittelgroßen Pfanne erhitzen. Röstimasse gleichmäßig darin verteilen, mit einer Palette oder einem Löffel gut andrücken und bei starker Hitze ca. 7 Min. backen. Dann wenden, restliches Butterschmalz am Rand dazugeben und die Rösti bei mittlerer Hitze weitere 5 Min. goldbraun backen. Dann herausheben und halbieren.

3 Den Backofen auf 120 °C (Umluft) vorheizen.

4 Inzwischen die Frühlingszwiebeln putzen, in 6–7 cm lange Stücke schneiden und in kochendem Salzwasser ca. 1 Min. garen, dann herausnehmen, eiskalt abschrecken und trocken tupfen. Das Fleisch falls nötig von Fett und Sehnen befreien. Mit dem Fleischklopfer etwas flacher klopfen, von beiden Seiten mit Salz und Pfeffer würzen, dann eine Seite dünn mit mittelscharfem Senf einstreichen. Frühlingszwiebeln quer darauflegen und das Fleisch aufrollen. Jede Roulade mit 1 Scheibe Speck umwickeln.

5 Das Öl in einer großen Pfanne erhitzen. Die Rouladen (Speckende zuerst in die Pfanne, damit sie sich nicht öffnen) darin ringsherum 5–6 Min. anbraten, dann in einer ofenfesten Form im vorgeheizten Backofen noch ca. 15 Min. rosa nachgaren.

6 Für die Sauce den Bratensatz in der Pfanne mit Gurkensud ablöschen. Beide Senfsorten einrühren, Sahne dazugießen und 2 Min. sämig einkochen lassen. Die Gurken in kleine Würfel schneiden und unterrühren, die Sauce mit Salz und Pfeffer würzen, wer mag, gibt noch Estragon dazu. Rouladen aus dem Ofen nehmen (Bratensatz, falls vorhanden, zur Sauce gießen) und mit den Rösti und der Sauce servieren.

Schmeckt wie bei Oma

MEHLSPATZEN MIT HASELNUSS-MAJORAN-BUTTER UND SPITZKOHL

ZUTATEN FÜR 2 PERSONEN

FÜR DIE MEHLSPATZEN
150 g Weizenmehl (Type 405)
2 Eier (M)
40 ml sprudeliges Mineralwasser
4–6 Stängel frische glatte Petersilie (10 g abgezupft)
Salz
frisch geriebene Muskatnuss

FÜR DEN SPITZKOHL
1 kleiner Spitzkohl oder junges Weißkraut (500 g)
1 TL Puderzucker
2 EL Apfelessig
½ TL edelsüßes Paprikapulver
150 ml Gemüsebrühe oder Wasser
2 gute Prisen Kümmel, ganz oder gemahlen
schwarzer Pfeffer aus der Mühle
1 guter EL Butter
2 Zweige frischer Majoran oder 2 Prisen getrockneter

ZUM ANRICHTEN
20 g Haselnüsse, grob gehackt
40 g Bergkäse, dünn gehobelt

AUSSERDEM
Einwegspritzbeutel

1 Reichlich Salzwasser in einem Topf aufkochen lassen.

2 Das Mehl mit Eiern und Wasser mit dem Schneebesen zu einem glatten, zähflüssigen Teig verrühren. Die Petersilie waschen, trocken schütteln, Blättchen abzupfen und möglichst fein hacken. Den Teig mit 2 Prisen Salz, Muskatnuss und Petersilie verfeinern.

3 Den Teig in den Einwegspritzbeutel füllen, Spitze abschneiden (die Öffnung sollte 2,5–3 cm groß sein). Nun mit leichtem Druck kleine Stücke ins kochende Wasser spritzen, dabei den Teig mithilfe eines kleinen Messers abschneiden. Die kleinen Spatzen mit einem Kochlöffel vorsichtig vom Topfboden lösen und kochen lassen, bis alle oben schwimmen, dann noch 2 Min. ziehen lassen. In ein Sieb abgießen, in eine Schüssel mit kaltem Wasser geben und beiseitestellen.

4 Den Spitzkohl putzen, der Länge nach halbieren, Strunk herausschneiden. Das Kraut in 2–3 cm große Rauten schneiden. Den Puderzucker in einem Topf hell karamellisieren, dann den Essig angießen und etwas einkochen lassen. Den Spitzkohl dazugeben, 2 Min. anbraten, mit 2 Prisen Salz und Paprikapulver würzen und gut durchrühren. Gemüsebrühe oder Wasser angießen, aufkochen lassen. Das Kraut abgedeckt bei schwacher Hitze 10 Min. weich schmoren. Mit Salz, Kümmel, Muskatnuss und Pfeffer abschmecken.

5 Die Mehlspatzen in einem Sieb gut abtropfen lassen. Die Butter in einer Pfanne aufschäumen lassen, die abgetropften Spatzen in die heiße Butter geben und rundherum ca. 5 Min. goldbraun braten. Majoran waschen, trocken schütteln, Blättchen abzupfen. Das saftige Kraut und den Majoran zu den Spatzen geben, alles nochmals gut durchschwenken und falls nötig nachwürzen. Anrichten, mit Haselnüssen und Bergkäse bestreuen und servieren.

👍 Fischfilets sollten Sie wenn möglich mit der Haut und niemals zu heiß braten. Die Haut bietet einen natürlichen Schutz für das zarte Filet. Bei zu starker Hitze treten an den Rändern weiße Flöckchen (geronnenes Eiweiß) aus. Deshalb das Fischfilet nur kurz anbraten und dann in der Resthitze in der Pfanne ziehen lassen.

GEBRATENE FORELLE MIT MANDELBUTTER, RAHMSPINAT UND MEERRETTICH

ZUTATEN FÜR 2 PERSONEN

FÜR DEN RAHMSPINAT
1 Schalotte (30 g)
300 g junger Blattspinat
2 EL Butter
100 g Sahne
Salz
schwarzer Pfeffer aus der Mühle
frisch geriebene Muskatnuss

FÜR DIE FORELLE
1 kleine Zitrone
4 Forellenfilets mit Haut, küchenfertig (300 g)
20 g Buchweizen- oder Weizenmehl
2 EL Rapsöl

FÜR DIE MANDELBUTTER
1–2 EL Butter
40 g Mandelblättchen

ZUM ANRICHTEN
etwas frisch geriebener Meerrettich

1 Die Schalotte schälen und in feine Würfel schneiden. Spinat putzen, waschen und in einem Sieb gut abtropfen lassen. Die Butter in einem Topf nussig aufschäumen lassen, Schalotte darin 2 Min. glasig dünsten. Sahne dazugießen, zum Kochen bringen, Spinat dazugeben, mit 2 Prisen Salz, Pfeffer und Muskatnuss würzen und die Sahne 3–4 Min. sämig einkochen lassen.

2 Inzwischen von der Zitrone die Schale mit einem Messer so abschneiden, dass auch die weiße Haut entfernt ist. Die Zitrone dann in nicht zu dünne Scheiben schneiden.

3 Die Forellenfilets falls nötig von restlichen Gräten befreien, auf der »Fleischseite« mit Salz und Pfeffer würzen, die Hautseite mit Mehl bestäuben, das Mehl etwas andrücken.

4 Das Rapsöl in einer großen Pfanne erhitzen. Die Forellenfilets mit der Hautseite hineinlegen, 3 Min. darin goldbraun braten, dann wenden. Butter, Mandeln und Zitronenscheiben dazugeben, gut durchschwenken. Die Pfanne vom Herd ziehen und den Fisch noch 1–2 Min. darin ziehen lassen.

5 Die Forellenfilets mit Rahmspinat und Zitronenscheiben anrichten und mit der Mandelbutter beträufeln. Als Topping noch etwas frischen Meerrettich darüberreiben – fertig. Als Beilage eignen sich kleine Pellkartoffeln oder Kartoffelrösti.

Schmeckt wie bei Oma

SCHNELLE GRIESSNOCKERLSUPPE MIT SUPPENGRÜN UND LIEBSTÖCKEL

ZUTATEN FÜR 2 PERSONEN

FÜR 8–10 GRIESSNOCKERL
150 ml Milch
Salz
25 g Hartweizengrieß
frisch geriebene Muskatnuss
20 g kalte Butter
1 Eigelb (M)

FÜR DIE GEMÜSESUPPE
100 g Knollensellerie
1 Karotte (80 g)
1 kleines Stück Lauch (40 g)
1 EL Raps- oder Olivenöl
2 Stängel frischer Liebstöckel
schwarzer Pfeffer aus der Mühle

ZUM ANRICHTEN
1 EL Schnittlauchröllchen
Olivenöl

1 Die Milch mit 2–3 Prisen Salz zum Kochen bringen. Grieß einrühren, aufkochen lassen und 3 Min. unter ständigem Rühren köcheln lassen. Den Topf vom Herd ziehen. Die Masse mit Muskatnuss würzen, dann die kalte Butter und zum Schluss das Eigelb einrühren. Die Masse in eine kalte Schüssel umfüllen und auskühlen lassen.

2 Inzwischen das Suppengemüse waschen, Sellerie und Karotten schälen und alles in 0,5–1 cm große, dünne Blättchen bzw. Scheiben schneiden.

3 Das Öl in einem Topf erhitzen. Karotten und Sellerie darin ruhig mit etwas Farbe anbraten, gleich mit 2 Prisen Salz würzen, durchrühren, dann mit 600 ml Wasser aufgießen, aufkochen lassen und 5 Min. bei mittlerer Hitze offen garen. Liebstöckel waschen, mit dem Lauch zur Suppe geben und 5 Min. mitköcheln lassen.

4 In einem kleinen Topf Salzwasser aufkochen lassen. Die Grießmasse nochmals durchrühren, falls nötig mit Salz und Muskatnuss nachwürzen. Mit zwei angefeuchteten Esslöffeln Nocken abstechen, ins kochende Wasser gleiten lassen. Das Wasser wieder aufkochen lassen. Sobald die Grießnocken oben schwimmen, noch ca. 5 Min. bei schwacher Hitze ziehen lassen.

5 Die Gemüsesuppe mit Salz, Pfeffer und frisch geriebener Muskatnuss abschmecken. Die Grießnocken mit einer Schaumkelle vorsichtig aus dem Wasser heben und kurz abtropfen lassen. In vorgewärmten Tellern anrichten und mit der heißen Suppe übergießen. Jetzt noch mit frischem Schnittlauch bestreuen, mit einigen Tropfen Olivenöl beträufeln und servieren.

👍 Grießnocken sind manchmal etwas widerspenstig. Bei diesem Rezept gebe ich aber die Gelinggarantie: Statt die Nocken in Flüssigkeit quellen zu lassen – was ohnehin nie klappt – stelle ich die Masse fertig und lasse sie trocken quellen. Erst dann werden Nocken geformt und anschließend gegart.

KASSELER MIT KARTOFFEL-SENF-KRUSTE UND RAHMKOHLRABI

ZUTATEN FÜR 2 PERSONEN

FÜR DAS KASSELER
2 Scheiben Kasseler, ohne Knochen (à 160 g)
20 g mittelscharfer Senf
10 g süßer Senf (Weißwurstsenf)
50 g Zwiebel
200 g vorwiegend festkochende Kartoffeln
Salz
50 g Butterschmalz

FÜR DEN RAHMKOHLRABI
1 Kohlrabi mit Grün (geputzt 350 g)
100 g Sahne
schwarzer Pfeffer aus der Mühle
frisch geriebene Muskatnuss
½ Bund frischer Schnittlauch

AUSSERDEM
Küchenreibe

1 Die beiden Kasselerscheiben von einer Seite gleichmäßig mit den beiden Senfsorten einstreichen. Die Zwiebel schälen und in möglichst feine Würfel schneiden. Die Kartoffeln waschen, schälen und fein reiben. Mit der Zwiebel und 3 Prisen Salz in einer Schüssel gut mischen und 5 Min. stehen lassen. Dann mit den Händen kräftig ausdrücken und portionsweise auf dem vorbereiteten Fleisch verteilen. Die Kartoffelmasse gut andrücken und mit einem Messer ein Rautenmuster hineindrücken.

2 Das Butterschmalz in einer Pfanne erhitzen. Kasseler mit der Kartoffelseite nach unten in die heiße Pfanne legen, bei starker Hitze 1 Min. anbraten, dann bei schwacher Hitze ca. 8 Min. goldbraun braten. Wenden und weitere 5 Min. bei schwacher Hitze ziehen lassen.

3 Inzwischen den Kohlrabi putzen, junge, zarte Blätter zur Seite legen. Kohlrabi in mundgerechte, ca. 0,5 cm dicke Stücke schneiden und in kochendem Salzwasser ca. 6 Min. bissfest vorgaren. In ein Sieb abgießen.

4 Inzwischen die Sahne in einem kleinen Topf aufkochen, mit Salz, Pfeffer und Muskatnuss abschmecken, dann 4–5 Min. bei schwacher Hitze sämig einkochen lassen. Die Kohlrabiblätter (ca. 10 g) in möglichst feine Streifen schneiden, mit dem Kohlrabi in die Sahne rühren.

5 Jetzt noch den Schnittlauch waschen, trocken schütteln, in feine Röllchen schneiden und das Kohlrabigemüse damit verfeinern.

6 Das fertig gebratene Kasseler aus der Pfanne heben, auf Küchenpapier kurz abtropfen lassen und dann mit dem Kohlrabigemüse servieren.

Gepökeltes Fleisch sollten Sie nicht zu stark anbraten, da bietet die Kartoffel-Zwiebel-Kruste hier einen ganz natürlichen Schutz. Anstelle von Kohlrabigemüse schmeckt auch fein abgeschmecktes Rahm-Sauerkraut gut dazu. Dafür einfach fertig gegartes Sauerkraut mit einem Schuss Weißwein und Sahne sämig einkochen lassen.

ARME RITTER VOM LANDBROT MIT SÜSSSAUREN PILZEN UND GARTENKRÄUTERN

ZUTATEN FÜR 2 PERSONEN

FÜR DIE PILZE

400 g gemischte Pilze, z. B. Champignons, Pfifferlinge, Kräuterseitlinge
1 Schalotte (30 g)
1½ EL Butter
Meersalzflocken, z. B. Fleur de Sel
2 Prisen brauner Zucker
2 EL Weißweinessig
schwarzer Pfeffer aus der Mühle
Abrieb von ¼ Bio-Zitrone

FÜR DIE ARMEN RITTER

150 g trockenes Mischbrot (oder Toastbrot), in Scheiben geschnitten
1 Ei (M)
2 EL Sahne
½ TL Brotgewürz aus Kümmel, Koriander, Fenchel, Anis (Fertigprodukt oder selbst gemischt und gemahlen)
Salz
2 EL Rapsöl

ZUM ANRICHTEN

einige Stängel frische Gartenkräuter, wie Petersilie, Schnittlauch und Dill

1 Die Pilze putzen, falls nötig mit Küchenpapier sauber reiben und je nach Größe halbieren oder vierteln.

2 Die Schalotte schälen und in feine Würfel schneiden. 1 EL Butter in einer großen Pfanne nussig aufschäumen lassen. Die Pilze darin bei starker Hitze 2 Min. anbraten, Schalotte dazugeben, alles mit 2 Prisen Meersalzflocken würzen und weitere 5–6 Min. bei mittlerer Hitze braten. Pilze immer wieder umrühren, dann mit Zucker bestreuen, kurz karamellisieren und mit Essig ablöschen. Restliche Butter dazugeben, die Pilze mit Salz, Pfeffer und Zitronenabrieb abschmecken und zur Seite stellen.

3 Das Brot in acht gleich große Stücke schneiden. Ei und Sahne verquirlen und mit Brotgewürz, 2 Prisen Salz und Pfeffer würzen. Die Brotscheiben darin wenden und kurz stehen lassen.

4 Das Öl in einer großen Pfanne erhitzen, die Brotscheiben darin nacheinander 2 Min. bei mittlerer Hitze braten, wenden und weitere 2 Min. goldbraun braten. Aus der Pfanne heben, auf Küchenpapier entfetten.

5 Die Kräuter waschen und trocken schütteln. Blättchen abzupfen, grob hacken, Schnittlauch nicht zu fein schneiden. Pilze mit den Kräutern verrühren, falls nötig mit Salz, Pfeffer oder Essig nachwürzen.

6 Die Armen Ritter mit den lauwarmen Pilzen anrichten und servieren.

Schmeckt wie bei Oma

BRATHERING MIT ROTER ZWIEBELMARINADE UND KARTOFFEL-PETERSILIEN-STAMPF

ZUTATEN FÜR 2 PERSONEN

FÜR DIE BRATHERINGE
200 g rote Zwiebeln
60 g Puderzucker
150 ml Rotweinessig
2 Lorbeerblätter
je 1 TL Wacholderbeeren, gelbe Senfkörner, schwarze Pfefferkörner
Salz
4 Heringe, küchenfertig vorbereitet (à 100 g)
4 Prisen gemahlener Piment
schwarzer Pfeffer aus der Mühle
1½ EL Roggen- oder doppelgriffiges Weizenmehl
1 TL Speisestärke
6–8 EL Pflanzenöl
20 g Rosinen

FÜR DEN KARTOFFEL-PETERSILIEN-STAMPF
500 g mehligkochende Kartoffeln
4–6 Stängel frische glatte Petersilie (10 g abgezupft)
2 Prisen Meersalzflocken, z. B. Fleur de Sel
2 EL Butter
frisch geriebene Muskatnuss

AUSSERDEM
Mörser
Kartoffelstampfer

1 Die Zwiebeln schälen, halbieren und in feine Streifen schneiden. Den Puderzucker in einem Topf hell karamellisieren, Zwiebeln dazugeben, kurz durchrühren, mit Essig ablöschen. 400 ml Wasser dazugießen, Lorbeer, Gewürze und 1 TL Salz einstreuen, aufkochen und 15–20 Min. bei schwacher Hitze offen köcheln lassen. Die Zwiebeln sollten beim Probieren schön weich sein.

2 Inzwischen die Heringe gründlich mit kaltem Wasser abbrausen, besonders den Bauchraum, und mit Küchenpapier trocken tupfen. Dann die Fische von innen und außen mit Piment, Salz und Pfeffer würzen. Mehl und Stärke mischen und die Heringe darin von beiden Seiten wenden, das Mehlgemisch gut andrücken. Das Pflanzenöl in einer großen Pfanne erhitzen, die Fische darin pro Seite 4 Min. goldbraun braten, dann herausheben und in eine passende tiefe Form legen. Mit der heißen Zwiebelmarinade begießen, mit den Rosinen bestreuen und ca. 30 Min. ziehen lassen.

3 Für den Kartoffelstampf die Kartoffeln waschen, schälen und je nach Größe halbieren oder vierteln. In einen Topf geben, mit Wasser bedecken, gut salzen, aufkochen lassen und ca. 15–20 Min. kochen, bis sie weich sind.

4 Die Petersilie waschen, Blättchen abzupfen, Stiele anderweitig verwenden. Blätter in den Mörser geben, mit 2 Prisen Meersalzflocken bestreuen und fein zerreiben. Die Kartoffeln abgießen, wieder zurück auf den Herd stellen und bei schwacher Hitze etwas ausdampfen lassen. Die Butter dazugeben und die Kartoffeln fein zerstampfen. Zum Schluss die zerriebene Petersilie unterziehen, mit Salz und Muskatnuss abschmecken.

5 Die Brathreringe mit reichlich Sud und Zwiebeln auf Tellern anrichten und mit dem Kartoffel-Petersilien-Stampf servieren.

Die Brathreringe bestechen durch ihre Vielseitigkeit. Und ich empfehle Ihnen definitiv, gleich eine größere Portion zu machen, denn sie schmecken sowohl ganz frisch zubereitet, wie rechts beschrieben, aber wenn die Heringe dann 1 Nacht Zeit bekommen zum Durchziehen, sind sie noch besser – das ist Kochen in zwei Akten.

BRATHÄHNCHENKEULEN MIT ZITRONEN-SCHMAND UND ENDIVIENSALAT

ZUTATEN FÜR 2 PERSONEN

FÜR DIE BRATHÄHNCHENKEULEN
2 Hähnchenkeulen (à 300 g)
½ TL Currypulver
½ TL edelsüßes Paprikapulver
½ TL scharfes Paprikapulver
1 gute Prise gemahlener Kümmel
Salz
1 EL Olivenöl

FÜR DEN ENDIVIENSALAT
½ Kopf Endiviensalat (250 g)
2 EL Weißweinessig
2 Prisen Zucker
schwarzer Pfeffer aus der Mühle
2 EL Rapsöl

ZUM ANRICHTEN
100 g Schmand
Abrieb und Saft von ¼ Bio-Zitrone
1 Prise Zucker

1 Den Backofen auf 160 °C (Umluft) vorheizen.

2 Die Hähnchenkeulen im Gelenk durchtrennen. Die Gewürze mit 2 Prisen Salz und dem Olivenöl glatt rühren. Die Geflügelstücke von beiden Seiten mit 2-3 Prisen Salz würzen, dann mit der Marinade ringsherum einstreichen und diese gut einmassieren. Die marinierten Stücke mit der Hautseite nach oben nebeneinander in eine ofenfeste Form legen, 50 ml Wasser dazugießen und die Hähnchenkeulen im Ofen (mittlere Schiene) ca. 35 Min. goldbraun backen.

3 Inzwischen den Endiviensalat putzen, den Strunk entfernen und die Blätter in feine Streifen schneiden. Den Salat in lauwarmem Wasser kurz, aber gründlich waschen, danach in kaltes Wasser tauchen und dann in einem Sieb abtropfen lassen oder – noch besser – mit einer Salatschleuder trocken schleudern.

4 Für das Dressing den Essig mit 2 guten Prisen Salz, Zucker und Pfeffer verrühren, kurz stehen lassen und dann das Rapsöl einrühren.

5 Jetzt noch für den Dip den Schmand mit Zitronenabrieb und -saft glatt rühren und mit je 1 Prise Salz, Zucker und Pfeffer abschmecken.

6 Die Form mit den Hähnchenkeulen aus dem Ofen nehmen, den Ofen auf Grillfunktion stellen und die Hähnchenstücke auf der obersten Schiene noch 3 Min. grillen, bis sie knusprig sind.

7 Den Endiviensalat mit dem Dressing anmachen, falls nötig mit Salz und Pfeffer nachwürzen. Die knusprigen Hähnchenstücke mit etwas Bratenfond aus der Form, dem Zitronenschmand und dem Endiviensalat anrichten und servieren.

Schmeckt wie bei Oma

APFEL-PFLAUMEN-SCHEITERHAUFEN MIT GEIGELTEM VANILLEEIS

ZUTATEN FÜR 2 PERSONEN

FÜR DEN SCHEITERHAUFEN
200 g Kastenweißbrot vom Vortag
80 g Pflaumenmus (Fertigprodukt)
2 Eier (L)
250 ml Milch
100 g Sahne
40 g Zucker
2 Prisen gemahlener Zimt
Mark von ½ Vanilleschote
Abrieb von ¼ Bio-Zitrone
1 großer säuerlicher Apfel, z. B. Boskop (200 g)

FÜR DAS VANILLEEIS
3–4 EL gehobelte Mandeln
4 Kugeln Vanilleeis

ZUM ANRICHTEN
Puderzucker zum Bestäuben

AUSSERDEM
ofenfeste Form, 20 cm Ø

1 Den Backofen auf 160 °C (Umluft) vorheizen.

2 Das Brot in ca. 1 cm dicke Scheiben schneiden, mit Pflaumenmus bestreichen. Die Brotscheiben halbieren.

3 Die Eier mit Milch, Sahne, Zucker, Zimt, Vanillemark und Zitronenabrieb verrühren.

4 Den Apfel waschen, schälen, vierteln, Kerngehäuse herausschneiden und die Viertel in ca. 1 cm breite Spalten schneiden.

5 Die bestrichenen Brotscheiben nun abwechselnd mit den Apfelspalten in eine tiefe ofenfeste Form schichten. Mit der Eiermilch begießen, kurz stehen lassen und dann im Ofen 40–45 Min. goldbraun backen.

6 Die gehobelten Mandeln in einer Pfanne ohne Fett 1–2 Min. goldbraun rösten. Auf einen Teller geben und vollständig auskühlen lassen.

7 Die Vanilleeiskugeln in den Mandeln wälzen und wieder ins Tiefkühlfach legen.

8 Den Auflauf aus dem Ofen nehmen, dünn mit Puderzucker bestäuben und mit dem geigelten Vanilleeis servieren.

👍 Ein tolles Grundrezept – die Zutaten lassen sich immer wieder neu kombinieren: Anstelle von Äpfeln passen z. B. Birnen. In der Beerenzeit können Sie das Pflaumenmus durch Aprikosenmarmelade ersetzen und das Brot mit Himbeeren, Heidelbeeren, frischen Aprikosen und Johannisbeeren einschichten.

EXPRESS OHNE STRESS

Heimkommen und raffiniert essen – mit diesen Rezepten gar kein Problem! Denn auch aus ein paar wenigen Zutaten lässt sich ganz einfach ein gästetaugliches Abendessen zaubern. Das Geheimnis dahinter: Nur die besten Zutaten, ungewöhnlich kombiniert und mit ein paar Handgriffen in Bestform gebracht.

Express ohne Stress

GEBACKENE HONIGFEIGEN MIT RUCOLA-ORANGEN-SALAT UND MACADAMIANÜSSEN

ZUTATEN FÜR 2 PERSONEN

FÜR DIE HONIGFEIGEN
8 kleine frische Feigen
4 Scheiben Frühstücksspeck
1 TL Fenchelsamen
½ TL schwarzer Pfeffer
4 Prisen Meersalzflocken,
   z. B. Fleur de Sel
160 g Blätterteig (Fertigprodukt)
1–2 EL Honig

FÜR DEN SALAT
100 g Rucola
1 Orange
1 EL Weißweinessig
2 Prisen Zucker
3 Prisen Salz
schwarzer Pfeffer aus der
   Mühle
2 EL Olivenöl

ZUM ANRICHTEN
20 g geröstete
   Macadamianüsse

AUSSERDEM
Mörser
Rollholz
Backpapier
Trüffel- oder Küchenhobel

1 Den Backofen auf 200 °C (Umluft) vorheizen. Feigen und Speckscheiben jeweils quer halbieren. Fenchelsamen, Pfeffer und Meersalzflocken im Mörser fein zerreiben.

2 Den Blätterteig in vier gleich große Rechtecke schneiden. Etwas Gewürzsalz daraufstreuen, mit den Fingerspitzen eindrücken und kurz mit dem Rollholz darüberrollen. Die Blätterteig-Vierecke gleich auf ein mit Backpapier belegtes Blech setzen und mit je zwei Speckstücken und vier Feigenhälften belegen. Den Teigrand etwas nach oben klappen und dekorativ formen. Im vorgeheizten Backofen 14–15 Min. goldbraun und knusprig backen.

3 Inzwischen den Rucola putzen, waschen und in einem Sieb gut abtropfen lassen. Die Orange mit dem Messer so schälen, dass auch die weiße Haut entfernt wird, dann die einzelnen Filets herausschneiden. Den Saft dabei auffangen und diesen mit Essig, Zucker, Salz und Pfeffer abschmecken. Zum Schluss das Olivenöl einrühren.

4 Die gebackenen Feigen aus dem Ofen nehmen und mit je 1 TL Honig beträufeln. Rucolablätter und Orangen auf Tellern anrichten und mit dem Dressing beträufeln, die Macadamianüsse darüberhobeln. Die gebackenen Honigfeigen mit dem Salat servieren.

👍 Anstelle der Feigen schmecken diese Blätterteigtaschen auch mit frischen Aprikosen sehr gut. Und wenn Sie gar nichts anderes bekommen, tun's auch getrocknete Feigen oder Aprikosen.

Express ohne Stress

👍 Selbst gemachte Mayonnaise schmeckt einfach klasse und ist im Handumdrehen fertig. Dafür 2 ganz frische Eigelbe (M) mit 2 EL mittelscharfem Senf in einen hohen Mixbecher geben, salzen und pfeffern. Mit dem Pürierstab leicht anmixen, dann 150 ml Sonnenblumenöl dazugießen. Währenddessen das Öl mit dem Pürierstab nun ganz langsam von unten nach oben ziehend untermixen. Für eine perfekte Emulsion sollten Eier, Senf und Öl etwa die gleiche Temperatur haben. Die frische Mayonnaise hält sich abgedeckt im Kühlschrank 2–3 Tage.

LACHSSASHIMI MIT LIMETTEN-TERIYAKI-SAUCE UND PUFFREIS

ZUTATEN FÜR 2 PERSONEN

2 Frühlingszwiebeln
Salz
Zucker
2 gehäufte EL Mayonnaise
Abrieb und Saft von
    ¼ Bio-Limette
1 EL Teriyakisauce (Asialaden)
helle Sojasauce
250 g frischer Lachs ohne Haut
    (Sushiqualität)

FÜR DEN PUFFREIS

400 ml Sonnenblumen- oder
    Erdnussöl
2 EL Parboiled-Langkornreis
1 Prise Chiliflocken
2 Prisen schwarzer Sesam
Meersalzflocken, z. B. Fleur
    de Sel

ZUM ANRICHTEN

2 Limettenspalten

AUSSERDEM

kleines Metallsieb zum Frittieren

1 Frühlingszwiebeln waschen, putzen und das dunkle Grün entfernen. Falls sie sehr dick sind, der Länge nach halbieren, und dann in möglichst feine Ringe schneiden. In eine Schüssel geben, mit je 2 Prisen Salz und Zucker würzen, und am besten mit den Fingern durchmischen. Bis zur Weiterverwendung ziehen lassen.

2 Die Mayonnaise mit Limettenabrieb, einem guten Spritzer Saft, Teriyakisauce, einigen Spritzern Sojasauce und 2 Prisen Salz würzig abschmecken.

3 Das Sonnenblumenöl in einem kleinen Topf erhitzen. Zum Testen der richtigen Temperatur einfach einen Kochlöffelstiel aus Holz ins heiße Fett tauchen: Steigen sofort kleine Bläschen auf, ist das Fett optimal zum Frittieren.

4 Den Reis in das Sieb geben, für 10–15 Sek. ins heiße Fett tauchen, dabei mit dem Kochlöffelstiel mehrmals umrühren. Die Reiskörner sollen knusprig werden, aber hell bleiben. Herausheben, auf Küchenpapier abtropfen lassen. Dann mit Chiliflocken, Sesam und Fleur de Sel würzen.

5 Den Lachs in 2–3 mm starke, mundgerechte Scheiben schneiden. Etwas Sauce auf zwei Tellern verteilen und den Lachs darauf anrichten. Locker mit Frühlingszwiebeln und knusprigem Puffreis bestreuen. Mit Limettenspalten servieren.

Express ohne Stress

SALAT MIT GEBRATENEM BROT, GRÜNEM SPARGEL, HÜTTENKÄSE UND TOMATENPESTO

ZUTATEN FÜR 2 PERSONEN

FÜR DEN BROTSALAT
500 g grüner Spargel
150 g Vollkornbrot mit Nüssen, z. B. Walnuss- oder Haselnussbrot
2 EL Olivenöl
Salz
schwarzer Pfeffer aus der Mühle
2 Prisen brauner Zucker

FÜR DAS TOMATENPESTO
40 g getrocknete Tomaten in Öl
40 g Olivenöl
2 EL Aceto balsamico bianco

ZUM ANRICHTEN
8–10 mittelgroße Basilikumblätter
100 g körniger Frischkäse

AUSSERDEM
Pürierstab

1 Den Spargel putzen, dabei holzige Enden abschneiden und das untere Drittel mit einem Sparschäler schälen. Die Spargelstangen schräg in ca. 5 cm lange Stücke schneiden. Das Brot in ca. 0,5 dicke und 2 cm breite Scheiben schneiden. Olivenöl in einer großen Pfanne erhitzen, das Brot darin 2 Min. anbraten, wenden und weitere 3–4 Min. knusprig braten. Mit Salz und Pfeffer würzen, dann das Brot aus der Pfanne in eine Schüssel umfüllen.

2 Die Pfanne mit Küchenpapier ausreiben, die Spargelstücke hineingeben und gleich mit 2 Prisen Salz würzen. Bei mittlerer Hitze 3 Min. braten. Den Zucker einstreuen, kurz karamellisieren lassen und die Spargelstücke weitere 4 Min. bei schwacher Hitze bissfest garen. Dabei immer wieder schwenken.

3 Inzwischen die getrockneten Tomaten mit Olivenöl und Aceto balsamico in einen hohen Mixbecher geben und fein mixen.

4 Das Brot mit den karamellisierten Spargelstücken und dem Tomatenpesto mischen. Das Basilikum in kleine Stücke zupfen, hinzugeben und den Salat mit Salz und Pfeffer abschmecken. Den lauwarmen Brotsalat mit Hüttenkäse anrichten und servieren.

PILZSUPPE MIT ESTRAGONKARAMELL UND FRISCHKÄSE-CROSTINI

ZUTATEN FÜR 2 PERSONEN

FÜR DIE PILZSUPPE

400 g gemischte Pilze, z. B. Champignons, Egerlinge, Pioppini, Pfifferlinge, Enoki
1 Schalotte
1 kleine Knoblauchzehe
1 EL Butter
Salz
100 ml trockener Weißwein
400 ml Gemüsebrühe (oder Wasser)
100 g Sahne
Abrieb von ¼ von Bio-Zitrone
frisch geriebene Muskatnuss
schwarzer Pfeffer aus der Mühle

FÜR DIE FRISCHKÄSE-CROSTINI

1 EL Olivenöl
4 Scheiben Baguette, Weißbrot, Ciabatta oder Focaccia (60 g)
½ TL Puderzucker
1 Stängel frischer Estragon
1 TL Aceto balsamico
1 Prise gemahlener Kümmel
40 g Frischkäse

AUSSERDEM

Pürierstab

1 Die Pilze gründlich putzen, falls nötig mit Küchenpapier sauber reiben. 250 g Pilze in feine Scheiben schneiden, die Stiele der restlichen Pilze großzügig abschneiden und ebenfalls in Scheiben schneiden. Die übrigen Pilzköpfe je nach Größe ganz lassen, vierteln oder sechsteln und zur Seite stellen. Schalotte und Knoblauch schälen und beides in feine Würfel schneiden.

2 Die Butter in einem Topf aufschäumen lassen – ruhig etwas länger, damit sie eine leicht nussige Farbe und vor allem Geschmack bekommt. Schalotten- und Knoblauchwürfel 3 Min. glasig andünsten, die Pilzscheiben dazugeben und mit 2 Prisen Salz würzen. Alles 2 Min. anbraten, dann den Weißwein angießen und 1 Min. einkochen lassen. Die Gemüsebrühe hinzufügen, zum Kochen bringen und bei mittlerer Hitze 6–7 Min. köcheln lassen. Dann alles mit dem Pürierstab fein mixen, die Sahne dazugießen und die Suppe 5 Min. sämig einkochen lassen. Mit Zitronenabrieb, Salz, Muskatnuss und Pfeffer abschmecken.

3 Parallel dazu das Olivenöl in einer Pfanne erhitzen und die Brotscheiben darin von beiden Seiten 4 Min. goldbraun braten. Aus der Pfanne heben und etwas abkühlen lassen.

4 In die heiße Pfanne gleich den Puderzucker streuen und leicht karamellisieren lassen. Die übrigen Pilzstücke dazugeben, durchschwenken und 2 Min. goldbraun anrösten. Den Estragon waschen, trocken schütteln, die Blätter abzupfen und fein schneiden. Die Pilze mit Essig ablöschen, den Estragon dazugeben und alles mit Salz, Pfeffer und Kümmel würzen.

5 Den Frischkäse locker auf die gerösteten Brotscheiben streichen. Die Suppe nochmals aufmixen und mit den Frischkäse-Crostini und Pilzen in vorgewärmten Tellern oder Tassen anrichten und servieren.

 Pilze – eine Wohltat für den Körper. Sie versorgen uns mit reichlich Ballaststoffen, Eisen, Kalium, Zink und Vitaminen. Zugegeben, leicht zu verdauen sind sie nicht. Aber: Je dünner die Scheiben, desto besser verträglich.

HÄHNCHEN-MINUTENSTEAKS UND SCHARFER KAROTTEN-MANGO-SALAT MIT ERDNÜSSEN

ZUTATEN FÜR 2 PERSONEN

FÜR DEN KAROTTEN-MANGO-SALAT
350 g Karotten
Salz
100 g frische Mango, geschält
30 g geröstete Erdnüsse
3–4 Stängel frische glatte Petersilie
1 Bio-Orange
80 g Crème fraîche
80 g Naturjoghurt
1 Prise brauner Zucker
2 Prisen Chiliflocken
1 EL Olivenöl
ein paar Spritzer Weißweinessig zum Abschmecken

FÜR DIE HÄHNCHENSTEAKS
250 g Hähnchenbrustfilet
schwarzer Pfeffer aus der Mühle
1 Ei (M)
80 g ungesüßte Cornflakes
50 g Butterschmalz

AUSSERDEM
Küchenreibe
Gefrierbeutel
Rollholz

1 Die Karotten waschen, putzen und schälen, dann auf der Küchenreibe grob raspeln. In eine Schüssel geben, mit 2 Prisen Salz würzen und gut durchkneten. Die Mango in feine Streifen schneiden. Die Erdnüsse in den Gefrierbeutel geben und mithilfe des Rollholzes grob zerkleinern. Die Petersilie waschen und trocken schütteln, Stiele möglichst fein schneiden, Blätter fein hacken.

2 Die Orange auspressen und etwa ¼ der Schale abreiben. Saft und Schale mit Crème fraîche, Joghurt, Zucker, Chiliflocken sowie Olivenöl zu einem Dressing verrühren. Die gesalzenen Karotten mit Mango und Petersilie untermischen, die Erdnüsse unterheben und den Salat zur Seite stellen.

3 Das Hähnchenfleisch in ca. 1 cm breite Streifen schneiden und mit Salz und Pfeffer von beiden Seiten gut würzen. Das Ei in einem tiefen Teller verquirlen, die Cornflakes in einen zweiten Teller geben. Dann das Fleisch zuerst im Ei, dann in den Cornflakes wenden und diese richtig gut andrücken.

4 Das Butterschmalz in einer großen Pfanne erhitzen. Das Fleisch darin bei mittlerer Hitze ca. 3 Min. braten. Dann wenden und weitere 3 Min. goldbraun und knusprig werden lassen. Aus der Pfanne heben und auf Küchenpapier kurz entfetten.

5 Den schön durchgezogenen Salat nach Geschmack mit einem Spritzer Essig, Salz und Chili pikant abschmecken. Dann mit den knusprigen Hähnchensteaks servieren.

Ich liebe diesen Salat, weil er so kombinierfähig ist. Mango können Sie auch durch Papaya oder rosa Grapefruit ersetzen. Wer's einheimischer mag, nimmt Apfel oder Birne. Auf die Petersilie in keinem Fall verzichten!

KARAMELLISIERTE GARNELEN MIT AHORNSIRUP UND WASABINÜSSEN

ZUTATEN FÜR 2 PERSONEN

FÜR DIE GARNELEN
250 g Salzwasser-Garnelen, küchenfertig vorbereitet
1 rote Zwiebel
Meersalzflocken, z. B. Fleur de Sel
2 EL Olivenöl
4 EL Ahornsirup
Saft von ¼ Bio-Zitrone
1 Prise Cayennepfeffer

ZUM ANRICHTEN
150 g Babyleaf-Salat (oder junge Salat- und Spinatblätter)
Abrieb und Saft von ¼ Bio-Zitrone
1 Prise brauner Zucker
schwarzer Pfeffer aus der Mühle
2 EL Olivenöl
20 g Wasabinüsse
Weißbrot

1 Die Garnelen der Länge nach halbieren, dabei den Darm entfernen. Die Zwiebel schälen, halbieren und in feine Streifen schneiden.

2 Die Garnelen in eine heiße Pfanne ohne Fett legen. 2 Min. bei starker Hitze anbraten, mit 1 guten Prise Meersalzflocken würzen und wenden. Dann einmal kurz durchschwenken und aus der Pfanne heben.

3 Die Zwiebel sofort in die heiße Pfanne geben. 1 TL Olivenöl und 1 gute Prise Meersalzflocken dazugeben und die Zwiebel bei mittlerer Hitze ca. 2 Min. glasig dünsten. Den Ahornsirup darübergeben und kurz durchschwenken. Die Garnelen wieder in die Pfanne legen, mit Zitronensaft und Cayennepfeffer würzen und mit dem restlichen Olivenöl beträufeln. Alles einmal durchrühren und vom Herd ziehen.

4 Die Blattsalate kurz mit kaltem Wasser abbrausen und gut abtropfen lassen. Aus Zitronenabrieb, -saft, Zucker, Salz und Pfeffer sowie Olivenöl ein Dressing rühren und den Salat damit mischen.

5 Die Wasabinüsse mit einem Messer grob hacken. Die Garnelen mit den Zwiebelstreifen anrichten. Den Salat locker auf Teller geben, mit den Wasabinüssen bestreuen und alles mit einem Stück Weißbrot genießen.

👍 Ich brate Fisch oder Garnelen gerne ohne Fett. Warum? Auf diese Art bilden sich intensive Röstaromen, so wie wir das vom Grillen kennen und lieben. Das gute Olivenöl gebe ich dann erst ganz zum Schluss dazu. So wird das Öl nicht erhitzt, behält seinen vollen Geschmack und vor allem gehen all die guten, gesunden Inhaltsstoffe nicht verloren.

👍 Ich liebe den Geschmack von geröstetem Sesamöl – zugegeben, man muss sich an das intensive Aroma herantasten, deshalb anfangs nur ein paar Tropfen davon verwenden. Aber dann wird es sicher schnell ein fester Bestandteil Ihrer Küche. Es passt nicht nur zu asiatischen Gerichten sondern gibt jedem Salat eine spezielle Note.

CHINAKOHLSALAT MIT FRÜHLINGSZWIEBEL, INGWERMARINADE UND CURRY-KNUSPER

ZUTATEN FÜR 2 PERSONEN

FÜR DAS CURRY-KNUSPER
10 g Pankobrösel
½ TL Currypulver
1 TL Butter
Salz

FÜR DEN CHINAKOHL
1 kleiner Chinakohl (450 g)
2 Frühlingszwiebeln
100 g frische Mango, geschält
2 EL Rapsöl

FÜR DIE MARINADE
20 g Sushi-Ingwer (Asialaden)
   + 3 EL Ingwersud
Abrieb von ¼ Bio-Limette
1 EL Rapsöl
1 TL schwarzer oder gerösteter Sesam
geröstetes Sesamöl

1 Pankobrösel in eine Pfanne ohne Fett streuen und darin bei starker Hitze goldbraun rösten. Curry und Butter dazugeben, leicht salzen, alles einmal durchschwenken und vom Herd ziehen. Das Curry-Knusper lauwarm abkühlen lassen.

2 Den Chinakohl waschen, putzen, vom Strunk befreien und in fingerdicke Streifen schneiden. Die Frühlingszwiebeln waschen, putzen und schräg in 0,5 cm dicke Scheiben schneiden. Mango in mundgerechte dünne Spalten oder Scheiben schneiden.

3 Das Rapsöl in einer heißen Pfanne oder im Wok erhitzen, den Chinakohl hineingeben und bei starker Hitze 2 Min. anbraten. Mit 2 Prisen Salz würzen, durchrühren, 1 Min. weiterbraten. Die Frühlingszwiebeln dazugeben und 2 Min. mitgaren. Die Mangoscheiben unterheben, vorsichtig umrühren und den Wok vom Herd ziehen.

4 Für die Marinade den Ingwer in feine Streifen schneiden und mit Ingwersud, Limettenabrieb und Rapsöl verrühren. Den gebratenen Chinakohl mit Mango anrichten, mit der Ingwermarinade beträufeln und mit Sesam bestreuen. Alles mit ein paar Tropfen Sesamöl verfeinern, das Curry-Knusper darüberstreuen und servieren.

ZIEGENKÄSE MIT KÜRBISKERN-PFEFFER-KARAMELL UND MARINIERTER ROTER BETE

ZUTATEN FÜR 2 PERSONEN

FÜR DEN KÜRBISKERN-PFEFFER-KARAMELL
5–6 schwarze Pfefferkörner
1 gehäufter TL Puderzucker
20 g Kürbiskerne

FÜR DIE ROTE BETE
½ rote Zwiebel
Salz
200 g Rote Bete (vorgegart)
4 EL Rote-Bete-Saft
1 EL Rotweinessig
schwarzer Pfeffer aus der Mühle
1 Prise gemahlener Kümmel
2 EL Rapsöl

FÜR DEN ZIEGENKÄSE
160 g Ziegenweichkäse
1 gehäufter EL Weizenmehl
1 Ei (M)
30 g Pankobrösel
2 EL Butterschmalz

AUSSERDEM
Mörser
Backpapier

1 Die Pfefferkörner im Mörser nicht zu fein zerreiben – es können ruhig noch ein paar Stücke zu sehen sein. Puderzucker in einer kleinen Pfanne sehr hell karamellisieren, Kürbiskerne und Pfeffer zum Karamell geben und bei mittlerer Hitze ca. 2 Min. goldbraun rösten. Dann den Kürbis-Pfeffer-Karamell – am besten mit einem Koch- oder Silikonlöffel – auf ein Stück Backpapier streichen und auskühlen lassen.

2 Die Zwiebel schälen und in möglichst feine Würfel schneiden. In eine Schüssel geben, mit 1 guten Prise Salz würzen, durchrühren und kurz stehen lassen. Die Rote Bete je nach Größe halbieren und in mundgerechte dünne Scheiben schneiden.

3 Den Rote-Bete-Saft mit Rotweinessig, 2 Prisen Salz, Pfeffer und Kümmel verrühren. Die Zwiebel dazugeben und zum Schluss das Rapsöl einrühren. Die Rote-Bete-Scheiben gleich auf den Serviertellern anrichten, mit dem Dressing gut beträufeln und zur Seite stellen.

4 Den Ziegenkäse in sechs 1,5–2 cm dicke Scheiben schneiden. Jede Scheibe zuerst in Mehl, dann in verquirltem Ei und anschließend in den Bröseln wenden. Die Panade gut andrücken.

5 Das Butterschmalz in einer Pfanne erhitzen, den panierten Käse 2 Min. darin bei mittlerer bis starker Hitze anbraten, wenden und noch 1 Min. ringsherum goldbraun braten. Auf Küchenpapier kurz abtropfen lassen und mit der marinierten Roten Bete anrichten. Jetzt noch den Kürbiskern-Karamell mit den Fingerspitzen grob zerbröseln, den Ziegenkäse damit bestreuen und servieren.

Express ohne Stress

ASIATISCHER GEMÜSE-BLITZEINTOPF MIT INGWER, CHILI UND KORIANDER

ZUTATEN FÜR 2 PERSONEN

FÜR DEN BLITZEINTOPF
80 g Zuckerschoten
60 g Baby-Maiskolben
2 Frühlingszwiebeln
120 g Baby-Pak-Choi
1 kleine Karotte
50 g frische Bohnensprossen
5 g frischer Ingwer, geschält
1 TL Rapsöl
3 EL helle Sojasauce
700 ml Gemüsebrühe oder Wasser
40 g Glasnudeln
¼ rote oder grüne frische Chilischote
4–6 Stängel frischer Koriander
Abrieb von ¼ Bio-Limette
Salz

ZUM ANRICHTEN
geröstetes Sesamöl (nach Belieben)

1 Das Gemüse waschen und putzen. Die Zuckerschoten schräg in 1 cm breite Stücke, Mais in 1 cm dicke Scheiben schneiden. Frühlingszwiebeln schräg in feine Streifen, Pak Choi in mundgerechte Stücke schneiden. Die Karotte schälen und ebenfalls in dünne Scheiben schneiden. Die Bohnensprossen mit kaltem Wasser abbrausen und gut abtropfen lassen. Den Ingwer in feine Würfel schneiden – oder später einfach mit einer Küchenreibe fein in die Suppe reiben.

2 Das Rapsöl in einem Topf erhitzen, Gemüse – bis auf die Frühlingszwiebeln – darin bei mittlerer Hitze 2 Min. anbraten, dann mit Sojasauce ablöschen. Die Gemüsebrühe angießen, aufkochen lassen und offen bei schwacher Hitze ca. 7 Min. köcheln lassen.

3 Inzwischen die Glasnudeln nach Packungsanleitung garen und dann am besten mit einer Schere in mundgerechte Stücke schneiden.

4 Die Chilischote entkernen und in feine Würfel schneiden. Den Koriander waschen und trocken schütteln. Die Stiele fein schneiden, die Blätter grob hacken.

5 Frühlingszwiebel, Ingwer, Chili und Glasnudeln zur Suppe geben und 2 Min. darin ziehen lassen. Dann die Suppe mit Koriander und Limettenabrieb verfeinern und falls nötig mit Salz nachwürzen.

6 Die Suppe in vorgewärmten Schalen anrichten. Wer mag, gibt noch ein paar Tropfen Sesamöl dazu.

ROMANESCO-COUSCOUS MIT GETROCKNETEN FEIGEN, VANILLEMANDELN UND SAFRANJOGHURT

ZUTATEN FÜR 2 PERSONEN

1 kleiner Romanesco
 (geputzt 400 g)
Salz
2 EL Olivenöl
2 Prisen Ras el-Hanout
 (arabische Gewürzmischung)
schwarzer Pfeffer aus der
 Mühle

FÜR DEN SAFRANJOGHURT

6–8 Safranfäden
1 EL heißes Wasser
80 g griechischer Joghurt
1 Prise Cayennepfeffer

ZUM ANRICHTEN

80 g getrocknete Feigen
1 EL Butter
20 g Mandelstifte
2 Prisen Vanillezucker

AUSSERDEM

Mixer

1 Den Romanesco putzen und den Strunk entfernen. Die Röschen in grobe Stücke teilen und schon auf dem Schneidebrett noch weiter zerkleinern. Dann im Mixer nach und nach zu groben Bröseln verarbeiten. In eine Schüssel ausleeren, gleich 2 Prisen Salz dazugeben und gut durchrühren.

2 In einer großen Pfanne 1 EL Olivenöl erhitzen, etwa die Hälfte der Gemüsebrösel hineinstreuen und ca. 5 Min. bei starker Hitze goldbraun rösten. Mit 1 Prise Ras el-Hanout würzen und aus der Pfanne heben. Anschließend den restlichen Romanesco ebenfalls braten und würzen. Dann alles wieder zurück in die Pfanne geben, nochmals durchschwenken und mit Pfeffer abschmecken.

3 Den Safran in eine Tasse geben und mit dem heißen Wasser übergießen. Den Joghurt mit dem Safranwasser verrühren und mit 2 Prisen Salz und Cayennepfeffer abschmecken.

4 Die Feigen in mundgerechte Stücke schneiden. Die Butter in einer Pfanne aufschäumen lassen, Mandeln und Vanillezucker dazugeben und 3 Min. bei mittlerer Hitze goldbraun rösten. Die Feigen dazugeben, kurz durchschwenken und vom Herd ziehen.

5 Den Romanesco-Couscous nochmals erwärmen und mit den Feigen, Vanillemandeln und Safranjoghurt anrichten.

Vanillezucker selber machen – das ist wirklich ganz einfach. Ein verschließbares Gefäß mit Zucker füllen und jedes Mal, wenn Sie eine ausgekratzte Vanilleschote übrig haben, hineinstecken. Denn vor allem in der Schote selbst steckt wunderbarer Geschmack und Aroma, nicht nur in dem Vanillemark.

QUINOA-KOKOS-RISOTTO MIT CURRYBANANEN, PAK CHOI UND HÄHNCHEN

ZUTATEN FÜR 2 PERSONEN

FÜR DAS HÄHNCHEN
2 Hähnchenbrustfilets mit Haut (à 160 g)
Salz
1 TL Olivenöl

FÜR DEN QUINOA-KOKOS-RISOTTO
2 Frühlingszwiebeln
150 g Baby-Pak-Choi (oder Baby-Spinat)
1 TL Kokosöl
100 g Quinoa tricolore
200 ml ungesüßte Kokosmilch
1 EL Sahne
schwarzer Pfeffer aus der Mühle

FÜR DIE CURRYBANANEN
1 Banane
1 TL Butter
2 Prisen Currypulver
1 TL Honig

ZUM ANRICHTEN
1 Stängel Thai-Basilikum

1 Den Backofen auf 120 °C (Ober- und Unterhitze) vorheizen. Das Fleisch von beiden Seiten gut salzen und das Salz kräftig einmassieren. Das Olivenöl in eine heiße Pfanne geben. Das Fleisch mit der Hautseite zuerst hineinlegen und 3 Min. bei starker Hitze anbraten. Dann wenden und weitere 3 Min. bräunen. In eine ofenfeste Form legen und im Backofen (mittlere Schiene) ca. 20 Min. fertig garen.

2 Inzwischen die Frühlingszwiebeln waschen und putzen. Das Weiße in feine Würfel schneiden, das Grüne schräg in feine Scheiben. Pak Choi waschen, Strunk abschneiden und in ca. 0,5 cm dicke Stücke teilen, Blätter grob zerschneiden.

3 Das Kokosöl in einem Topf erwärmen, das Weiße der Frühlingszwiebeln darin 1 Min. glasig dünsten. Quinoa dazugeben, kurz durchrühren und mit Kokosmilch und 600 ml Wasser aufgießen. Zum Kochen bringen und offen bei schwacher Hitze ca. 12 Min. köcheln lassen. Dann Pak Choi und das Grüne der Frühlingszwiebeln dazugeben, alles weitere 2 Min. garen. Die Sahne einrühren, 1 Min. sämig einkochen lassen und den Quinoarisotto mit Salz und Pfeffer abschmecken.

4 Die Banane schälen, halbieren und der Länge nach durchschneiden. Die Bananenstücke in eine heiße Pfanne ohne Fett legen und 3 Min. darin goldbraun anbraten. Dann vorsichtig wenden, die Butter dazugeben und die Banane noch 1 Min. weiterbraten. Mit Curry, Honig und 1 Prise Salz würzen, durchschwenken und vom Herd ziehen.

5 Thai-Basilikumblätter abzupfen und zum Quinoarisotto geben. Das Fleisch aus dem Ofen nehmen, aufschneiden und mit dem Risotto und den Currybananen anrichten.

Thai-Basilikum ist ein herrlich aromatisches, würziges Kraut. Leider ist es auch sehr empfindlich und verliert beim Kochen schnell die Farbe – deshalb immer erst ganz zum Schluss einrühren oder nur über das fertige Gericht streuen.

SCHARF GEBRATENER ROTKOHL MIT REHSPIESS UND WACHOLDERBUTTER

ZUTATEN FÜR 2 PERSONEN

FÜR DIE REHSPIESSE
300 g Rehkeule, z. B. Nuss, küchenfertig geputzt
3–4 Prisen gemahlenes Wildgewürz (Fertigprodukt)
½ TL Wacholderbeeren
1 TL Rapsöl
2 EL Butter

FÜR DEN ROTKOHL
½ Kopf junger Rotkohl (geputzt 300 g)
½ rote Zwiebel (30 g)
Salz
2 EL Rapsöl
1 EL Quittengelee oder Apfelmus
2 Prisen Zimt
2 Prisen gemahlener Piment
schwarzer Pfeffer aus der Mühle
Saft von ½ Orange
3 EL Rotwein- oder Apfelessig

ZUM ANRICHTEN
50 g Schmand
2 EL Preiselbeeren aus dem Glas

AUSSERDEM
6 Holzspieße

1 Das Rehfleisch falls nötig von Sehnen befreien, in 1,5–2 cm große Würfel schneiden und portionsweise auf Holzspieße stecken. Einstweilen auf die Seite stellen.

2 Rotkohl und Zwiebel in feine Streifen schneiden. Beides zusammen in eine Schüssel geben, mit 2–3 guten Prisen Salz würzen und kräftig durchkneten; 5 Min. durchziehen lassen.

3 Das Öl in eine heiße Pfanne gießen, den Rotkohl darin bei starker Hitze 5 Min. unter ständigem Rühren braten. Quittengelee oder Apfelmus einrühren, das Gemüse mit Zimt, Piment und Pfeffer kräftig abschmecken, dann vom Herd nehmen und in eine Schüssel umfüllen.

4 Orangensaft und Essig verrühren. Den gebratenen Rotkohl damit übergießen, mit Salz und Pfeffer nachwürzen und zum Marinieren zur Seite stellen.

5 Die Rehspieße mit Wildgewürz und 3–4 Prisen Salz von beiden Seiten würzen. Wacholderbeeren mit dem Messerrücken anquetschen und durchhacken.

6 Das Rapsöl in einer heißen Pfanne mit einem Pinsel verstreichen, die Rehspieße hineinlegen, 1 Min. bei starker Hitze anbraten, dann wenden und weitere 2 Min. ringsherum bräunen. Die Butter mit den Wacholderbeeren in die Pfanne geben. Die Spieße noch 1 Min. weiterbraten, dann die Herdplatte ausschalten und die Spieße noch für 1 Min. in der Pfanne ziehen lassen, dabei immer wieder mit der Wacholderbutter übergießen. Zum Schluss mit frisch gemahlenem Pfeffer würzen.

7 Den Schmand mit den Preiselbeeren glatt verrühren.

8 Den marinierten Rotkohl mit den Rehspießen und dem Preiselbeerschmand auf Teller verteilen und servieren.

Express ohne Stress

GERÖSTETER ROSENKOHL MIT RAUCHMANDELN UND PETERSILIEN-ORANGEN-POLENTA

ZUTATEN FÜR 2 PERSONEN

FÜR DIE POLENTA
200 g Sahne
Salz
80 g Instant-Polenta
1 EL Butter
Abrieb von ¼ Bio-Orange
schwarzer Pfeffer aus der Mühle
frisch geriebene Muskatnuss
4–6 Stängel frische glatte Petersilie
1 TL Olivenöl

FÜR DEN ROSENKOHL
300 g Rosenkohl (tiefgekühlt; während der Saison frisch, dann ca. 400 g verwenden, s. u.)
2 EL Olivenöl
20 g Rauchmandeln (Fertigprodukt)
1 Prise Zucker

AUSSERDEM
Mörser

1 Für die Polenta 250 ml Wasser mit der Sahne aufkochen lassen, mit 2 Prisen Salz würzen. Polenta einrühren und unter ständigem Rühren 4–5 Min. bei schwacher Hitze kochen lassen (Vorsicht, das kann spritzen!). Die fertige Polenta mit Butter und Orangenabrieb verfeinern und mit Salz, Pfeffer und Muskatnuss abschmecken.

2 Die Petersilie waschen, trocken schütteln, Stiele fein schneiden und mit den Blättern in einen Mörser geben. Mit 1 Prise Salz würzen, 1 TL Olivenöl dazugeben und alles zu einer groben Paste verarbeiten.

3 Parallel dazu den Rosenkohl in kochendes Salzwasser geben, 1–2 Min. garen, dann abgießen, eiskalt abschrecken und gut abtropfen lassen. Die einzelnen Röschen dann je nach Größe ganz lassen oder halbieren.

4 Das Olivenöl in eine heiße Pfanne geben. Rosenkohl mit der Schnittfläche nach unten hineinlegen, leicht salzen und 3 Min. bei mittlerer Hitze goldbraun anbraten. Die Rauchmandeln grob hacken.

5 Den Rosenkohl mit 1 Prise Zucker würzen, durchschwenken, Rauchmandeln in die Pfanne streuen und alles mit Salz und Pfeffer abschmecken.

6 Die Polenta nochmals aufkochen lassen, Petersilienpaste einrühren. Die Polenta mit dem gebratenen Rosenkohl anrichten und genießen.

👍 Frischer Rosenkohl kann etwas bitter sein. Mit einer längeren Garzeit lässt sich der bittere Geschmack aber gut »wegkochen«: Einfach die äußeren Blätter abtrennen und die Röschen in kochendem Salzwasser 6–8 Min. bissfest garen. Je nach Größe variiert die Garzeit – deshalb immer wieder mal testen. Dann eiskalt abschrecken, gut abtropfen lassen, die Röschen halbieren und wie oben beschrieben in der Pfanne rösten.

PULLED SALMON MIT KRÄUTER-ZITRUS-MARINADE, AVOCADOÖL UND SCHMANDSPAGHETTONI

ZUTATEN FÜR 2 PERSONEN

FÜR DEN PULLED SALMON
300 g Lachsfilet mit Haut
Salz
1 EL Olivenöl
1 Frühlingszwiebel
einige Stängel frische Kräuter, z. B. Petersilie, Dill, Estragon, Basilikum
Abrieb und Saft von ½ Bio-Zitrone
1 TL Avocadoöl
1 EL Olivenöl

FÜR DIE SCHMANDNUDELN
250 g Spaghettoni
120 g Schmand
2 EL Sahne
schwarzer Pfeffer aus der Mühle
Chiliflocken (nach Belieben)

1 Den Lachs falls nötig von restlichen Gräten befreien und auf der Fleischseite mit 2 Prisen Salz würzen. Mit der Hautseite nach unten in eine heiße Pfanne legen und kurz bei starker Hitze anbraten. Das Olivenöl dazugeben und den Lachs 3 Min. weiterbraten. Dann wenden, die Pfanne abdecken und vom Herd ziehen. Den Lachs 10 Min. in der heißen Pfanne glasig durchziehen lassen.

2 Inzwischen die Spaghettoni in reichlich Salzwasser bissfest garen. Schmand und Sahne verrühren und mit Salz und Pfeffer würzig abschmecken.

3 Frühlingszwiebel waschen, putzen und in feine Würfel schneiden. In einer Schüssel mit 1 Prise Salz würzen und gut durchrühren. Kräuter waschen, trocken schütteln, Stiele möglichst fein hacken, Blätter grob zerkleinern. Die Frühlingszwiebel mit Kräutern, Zitronenabrieb, -saft, Avocadoöl und Olivenöl gut verrühren.

4 Den Lachs, sobald er fertig ist, aus der Pfanne heben, die Haut abziehen und graue, tranige Stellen mit einem Löffel abstreifen. Das glasig gegarte Lachsfleisch mit zwei Gabeln in mundgerechte Stücke teilen und mit der Kräutermarinade mischen.

5 Die Nudeln abgießen und sofort mit dem angerührten Schmand vermengen, mit Salz und Pfeffer abschmecken. Spaghettoni mit den frisch marinierten Lachsstücken anrichten, mit Pfeffer übermahlen und als leichte, erfrischende Sommerpasta servieren. Wer's schärfer mag, kann am Tisch noch ein paar Chiliflocken darüberstreuen.

👍 Wann ist Lachs perfekt gegart? Ganz einfach: wenn sich die Haut problemlos abziehen lässt. Lachs und Fisch generell sollte nie zu heiß gegart werden. Bei zu hoher Temperatur tritt am Rand weißes geronnenes Eiweiß aus – kein gutes Zeichen, denn der Fisch wird dadurch sehr schnell trocken.

SUPERSCHNELLES MANDELSPLITTER-TIRAMISU MIT AMARETTINI

ZUTATEN FÜR 2 PERSONEN

FÜR DIE MANDELSPLITTER
40 g Mandelstifte
1 Msp. Vanillemark
1 TL Puderzucker
80 g dunkle Schokolade
   (60 % Kakaoanteil)
1 Msp. Abrieb von
   1 Bio-Orange
30 g Amarettini (Fertigprodukt)
1 EL Orangenlikör (nach
   Belieben)

FÜR DIE CREME
1 Eigelb (M)
1 EL Puderzucker
80 g Mascarpone
100 g Sahne

AUSSERDEM
Backpapier
Handrührgerät

1 Die Mandelstifte mit Vanillemark und Puderzucker in einen kleinen Topf geben, erhitzen und bei mittlerer Hitze 3–4 Min. goldbraun karamellisieren. In eine Schüssel umfüllen.

2 Parallel dazu die Schokolade in grobe Stücke schneiden. In eine Metallschüssel geben und auf ein heißes Wasserbad stellen. Die Schokolade schmelzen, dabei immer wieder mal umrühren und zum Schluss den Orangenabrieb einrühren.

3 Die Amarettini zwischen den Fingerspitzen grob zerbröseln. Zu den Mandeln geben, alles nach Belieben mit Orangenlikör beträufeln, durchrühren und unter die aufgelöste Schokolade heben.

4 Die Masse auf ein Stück Backpapier geben, etwas auseinanderstreichen und zum schnelleren Abkühlen ins Tiefkühlfach stellen.

5 Für die Creme das Eigelb mit dem Puderzucker mit dem Handrührgerät hell und cremig aufschlagen.

6 Den Mascarpone einrühren. Die Sahne steif schlagen und vorsichtig und locker unter die Mascarponecreme heben.

7 Die Schokolade aus dem Tiefkühlfach holen, grob in mundgerechte Stücke brechen und nun abwechselnd mit der Mascarponecreme in Gläser schichten. Sofort genießen.

GESUND UND GUT

NACH DEM SPORT

Ein fitter Lebensstil gehört zum Wohlbefinden einfach dazu. Und nach dem Workout dürfen natürlich nur gesunde Dinge auf den Tisch – sonst war ja alles fast umsonst. Hier kommen Rezepte, die den Körper nähren und die Energiereserven wieder auffüllen. Das Beste: Sie stehen im Handumdrehen auf dem Tisch – ideal auch für alle, die nach dem Sport keine Energie mehr fürs Kochen haben.

GEBRATENER RADICCHIO MIT ROTE-BETE-SAFT, LINSENVINAIGRETTE UND KRÄUTERSCHMAND

ZUTATEN FÜR 2 PERSONEN

FÜR DIE LINSENVINAIGRETTE
50 g rote Linsen
Salz
3 EL Aceto balsamico bianco
schwarzer Pfeffer aus der Mühle
2 EL Olivenöl

FÜR DEN KRÄUTERSCHMAND
50 g Schmand (oder griechischer Joghurt)
Abrieb von ¼ Bio-Zitrone
1 Stängel frische glatte Petersilie
6–8 Basilikumblätter

FÜR DEN RADICCHIO
1 kleiner Radicchio
2 EL Olivenöl
20 ml Rote-Bete-Saft

1 Die Linsen in 200 ml kochendes Salzwasser geben, aufkochen lassen und bei mittlerer Hitze 7–8 Min. bissfest garen. Essig mit 2–3 EL Wasser mischen, mit 2 guten Prisen Salz und Pfeffer abschmecken, dann das Olivenöl einrühren. Die Linsen mit der Vinaigrette mischen und zur Seite stellen.

2 Schmand mit Zitronenabrieb glatt rühren und mit Salz und Pfeffer abschmecken. Die Kräuter waschen und trocken schütteln. Petersilie samt Stielen fein hacken, Basilikumblätter nur grob zerkleinern und den Schmand damit verfeinern.

3 Den Radicchio nur kurz mit lauwarmen Wasser abbrausen, gut trocken schütteln. Dann halbieren und in 2–3 cm breite Spalten schneiden. Diese mit der Schnittfläche nach unten in eine heiße Pfanne legen, kurz anbraten und gleich mit 1 guten Prise Salz würzen. Das Olivenöl dazugeben, den Radicchio 2 Min. braten, wenden und noch 1 Min. bei mittlerer Hitze weitergaren. Den Rote-Bete-Saft dazugießen, die Pfanne vom Herd nehmen und alles einmal durchschwenken.

4 Die Linsenvinaigrette mit Salz und Pfeffer abschmecken, falls nötig. Die gebratenen Radicchiospalten mit Kräuterschmand und Linsenvinaigrette servieren.

👍 Salate sollten Sie grundsätzlich nicht im Wasser liegen lassen, sondern wirklich nur ganz kurz abbrausen oder zügig in Wasser waschen, dann gleich zum Abtropfen in ein Sieb geben oder noch besser in einer Salatschleuder trocken schleudern. So bleiben die wasserlöslichen Vitamine am besten erhalten.

GEBRATENE AVOCADO MIT KRÄUTERSPINAT, CASHEWKERNEN UND POCHIERTEM EI

ZUTATEN FÜR 2 PERSONEN

200 g junger Blattspinat
2 Frühlingszwiebeln
40 g geröstete, gesalzene Cashewkerne
2 Stängel frischer Dill
6–8 mittelgroße frische Minzeblätter
2 EL Olivenöl
Salz
frisch geriebene Muskatnuss
schwarzer Pfeffer aus der Mühle
1 mittelgroße reife Avocado
Abrieb und Saft von ¼ Bio-Zitrone
50 ml Essig
2 große Bio-Eier (L)

ZUM ANRICHTEN

4 kleine feste braune oder weiße Champignons
1 Spritzer Olivenöl
Meersalzflocken, z. B. Fleur de Sel

AUSSERDEM

Trüffel- oder Küchenhobel

1 Den Spinat gründlich waschen und in einem Sieb abtropfen lassen.

2 Die Frühlingszwiebeln waschen, putzen, dunkles Grün entfernen, nur wenn sie sehr dick sind, der Länge nach halbieren. Dann in feine Scheiben schneiden. Cashewkerne grob hacken.

3 Dill und Minze waschen, von den Stielen zupfen, einige kleine Blättchen zum Anrichten beiseitelegen, den Rest grob zerkleinern.

4 In einer großen Pfanne 1 EL Olivenöl erhitzen, Frühlingszwiebeln darin 1 Min. bei mittlerer Hitze glasig dünsten, tropfnassen Spinat dazugeben, gleich mit 2 Prisen Salz würzen und 2–3 Min. garen, mit Muskatnuss und Pfeffer abschmecken. Cashewkerne und Kräuter einrühren und die Pfanne vom Herd nehmen.

5 Die Avocado halbieren, Kern herausheben. Avocado mit einem Esslöffel vorsichtig aus der Schale heben und in 1,5 cm große Spalten schneiden.

6 Eine beschichtete Pfanne ohne Fett auf den Herd stellen. Avocado hineinlegen und erst jetzt die Hitze auf maximale Herdleistung aufdrehen. Avocadospalten nach ca. 2 Min. vorsichtig wenden und von beiden Seiten so lange ohne Fett rösten, bis sie ringsherum gebräunt sind. Mit Salz, Pfeffer, Zitronenabrieb und -saft würzen, durchschwenken und aus der Pfanne heben.

7 Für die pochierten Eier ca. ½ l Wasser aufkochen und nur mit Essig würzen. Jedes Ei einzeln in eine Tasse aufschlagen. Das kochende Wasser mit dem Kochlöffelstiel kreisförmig aufwirbeln. Die Eier nacheinander vorsichtig in die Mitte des Strudels gleiten lassen. Ca. 4 Min. bei schwacher Hitze garen. Mit einer Schaumkelle herausheben und auf Küchenpapier abtropfen lassen.

8 Inzwischen die Champignons mit Küchenpapier abreiben, Stiele einkürzen. Die Pilze mit dem Hobel in möglichst feine Scheiben hobeln. In eine Schüssel geben, mit Olivenöl sowie 1 Prise Fleur de Sel würzen und locker mischen.

9 Den Spinat wieder erwärmen, zum Schluss mit 1 EL Olivenöl verfeinern, falls nötig nochmals mit Salz und Pfeffer abschmecken und mit den gebratenen Avocadospalten, marinierten Champignons und den pochierten Eiern anrichten. Noch ganz leicht mit je 1 Prise Fleur de Sel und Pfeffer aus der Mühle würzen, einige Kräuterspitzen darüberzupfen und servieren.

QUARK-PANCAKES MIT ROTEN LINSEN UND SCHARFEM TOMATEN-ORANGEN-SALAT

ZUTATEN FÜR 2 PERSONEN

FÜR 8–10 PANCAKES
80 g rote Linsen
Salz
20 g Magerquark
1 Ei (M)
1 Msp. Abrieb von
 1 Bio-Orange
1 Prise Ras el-Hanout
 (arabische Gewürzmischung)
schwarzer Pfeffer aus der
 Mühle
1 Stängel frische glatte
 Petersilie
2 EL Olivenöl

FÜR DEN SCHARFEN
TOMATEN-ORANGEN-SALAT
400 g Strauchtomaten
1 kleine Orange
1 EL Weißweinessig
2 Prisen Meersalzflocken,
 z. B. Fleur de Sel
2 Prisen Chiliflocken
2 EL Olivenöl
je 4–6 Blätter frische Minze
 und Basilikum

AUSSERDEM
Pürierstab

1 Die roten Linsen in 300 ml kochendes Salzwasser geben und ca. 8 Min. garen – die Flüssigkeit soll dabei vollständig verkochen.

2 Inzwischen die Tomaten kreuzförmig einritzen, dann in kochendes Wasser legen, bis sich die Haut abzulösen beginnt. Kurz in eiskaltes Wasser tauchen, dann häuten, vierteln, entkernen und das Fruchtfleisch in mundgerechte Stücke oder Spalten schneiden.

3 Die Orange so schälen, dass auch die weiße Haut mit entfernt wird. Die einzelnen Filets herausschneiden, den Saft dabei auffangen und die Reste der Frucht gut ausdrücken. Orangensaft mit Weißweinessig verrühren, mit Meersalzflocken und Chili pikant abschmecken und mit dem Olivenöl zu einem Dressing verrühren. Tomatenstücke und Orangenfilets hineingeben und kurz ziehen lassen.

4 Die gegarten Linsen in einen hohen Mixbecher umfüllen. Quark und Ei dazugeben und alles mit dem Pürierstab fein mixen. Mit Orangenabrieb, Ras el-Hanout, 2 Prisen Salz und Pfeffer abschmecken. Petersilie waschen und trocken schütteln. Die Stiele fein schneiden, die Blättchen grob hacken und alles unter die Linsenmasse rühren.

5 Das Olivenöl in eine heiße Pfanne geben. Von der Linsenmasse mit einem kleinen Löffel Portionen abstechen, in das heiße Öl setzen, etwas in Form bringen und flach drücken. Die kleinen Pancakes 3 Min. bei mittlerer Hitze braten, vorsichtig wenden und bei schwacher Hitze noch 2 Min. weiterbraten, bis sie goldbraun sind.

6 Den Tomaten-Orangen-Salat anrichten, die Kräuterblätter grob darüberzupfen und mit den Pancakes servieren.

KICHERERBSENPÜREE MIT GEBRATENEN EGERLINGEN UND CHILI-APRIKOSEN

ZUTATEN FÜR 2 PERSONEN

FÜR DAS KICHERERBSENPÜREE
1 Dose Kichererbsen (240 g Abtropfgewicht)
100 ml Gemüsebrühe
3 EL Olivenöl
2 Prisen Ras el-Hanout (arabische Gewürzmischung)
1 gute Prise Kurkuma
Abrieb und Saft von ¼ Bio-Zitrone
Salz
schwarzer Pfeffer aus der Mühle

FÜR DIE EGERLINGE
250 g kleine Egerlinge
1 Frühlingszwiebel
1 EL Aceto balsamico
1 EL Olivenöl

FÜR DIE CHILI-APRIKOSEN
80 g Softaprikosen
1 TL Butter
1 Prise Chiliflocken

ZUM ANRICHTEN
1 Stängel frische Minze

AUSSERDEM
Pürierstab

1 Die Kichererbsen in ein Sieb geben und kalt abbrausen, bis das Wasser klar bleibt. Mit der Gemüsebrühe in einen Topf geben und einmal aufkochen lassen. Dann in einen hohen Mixbecher umfüllen. Olivenöl, Ras el-Hanout, Kurkuma, Zitronenabrieb und -saft dazugeben und alles mit dem Pürierstab fein mixen. Das cremige Püree mit Salz und Pfeffer abschmecken. Sie können das Püree lauwarm servieren oder wieder zurück in den Topf geben und kurz vor dem Servieren nochmal aufkochen lassen.

2 Die Egerlinge putzen, falls nötig mit Küchenpapier abreiben. Die Pilze je nach Größe ganz lassen, halbieren oder vierteln. Die Frühlingszwiebel putzen, waschen und schräg in 0,5 cm dicke Scheiben schneiden.

3 Die Pilze in eine große heiße Pfanne ohne Fett geben (falls nötig portionsweise), mit 1 Prise Salz würzen und 2 Min. von beiden Seiten goldbraun rösten. Die Frühlingszwiebel einstreuen, weitere 2 Min. unter ständigem Rühren braten, dann alles mit Essig ablöschen. Die Pfanne vom Herd ziehen, das Gemüse mit Salz und Pfeffer abschmecken und auf einen Teller geben. Erst jetzt mit dem Olivenöl verfeinern.

4 Die Aprikosen halbieren. Butter in einer heißen Pfanne aufschäumen lassen und die Aprikosen darin 2 Min. schwenken. Mit 1 EL Wasser ablöschen, durchrühren und mit Chiliflocken würzen.

5 Die Minze waschen, trocken schütteln und die Blättchen abzupfen. Das Kichererbsenpüree mit Pilzen und Chili-Aprikosen anrichten, mit Minzeblättchen bestreuen und servieren.

Gesund und gut

👍 Durch das Einsalzen der Garnelen wird das Eiweißgerüst gebrochen. So kann man sie in der Pfanne noch besser rösten und sie bekommen einen schönen intensiven Geschmack. Perfekt gegarte Garnelen haben innen einen glasigen Kern. Sie dürfen auf keinen Fall zu heiß und zu lange gebraten werden, sonst werden sie »zäh wie Gummi«. Ein tolles Gericht mit viel Eiweiß, dazu gesunde Kohlenhydrate, Vitamine und wenig Fett.

GERÖSTETE GARNELEN MIT ZITRONEN-THYMIAN-BUTTER, BOHNEN-PÜREE UND PAPRIKA

ZUTATEN FÜR 2 PERSONEN

FÜR DIE PAPRIKA
- 2 Paprikaschoten (orange und gelb)
- 2 EL Olivenöl
- Salz
- ½ TL edelsüßes Paprikapulver
- 1 Prise Cayennepfeffer

FÜR DAS BOHNENPÜREE
- 1 kleine Dose weiße Bohnen (Abtropfgewicht 240 g)
- 1 Schalotte
- 1 EL Olivenöl
- schwarzer Pfeffer aus der Mühle
- 1 TL Butter

FÜR DIE GARNELEN
- 4 Salzwasser-Garnelen (ohne Kopf und Schale; à 60 g)
- 2 Prisen brauner Zucker
- ½ Zitrone
- 2 frische Thymianzweige
- 1 EL Butter
- 1 kleine Knoblauchzehe, angedrückt

AUSSERDEM
Pürierstab

1 Die Paprikaschoten waschen, putzen, halbieren und entkernen. Dann mit dem Sparschäler schälen und in 1 cm große Rauten schneiden. 1 EL Olivenöl in einer Pfanne erhitzen, die Paprikastücke hineinlegen und mit 2 Prisen Salz und Paprikapulver würzen. 3 Min. bei mittlerer Hitze dünsten, dann mit 50 ml Wasser aufgießen, abdecken und bei schwacher Hitze 5–6 Min. weich schmoren, dabei immer wieder umrühren. Zum Schluss mit Cayennepfeffer und Salz abschmecken und das restliche Olivenöl einrühren.

2 Die weißen Bohnen in einem Sieb gut abtropfen lassen, dann kalt abspülen, bis das Wasser klar bleibt. Die Schalotte schälen, halbieren und in möglichst feine Würfel schneiden.

3 Das Olivenöl in einem kleinen Topf erhitzen. Die Schalotte 3 Min. bei mittlerer Hitze glasig dünsten, die Bohnen dazugeben und kurz durchrühren. Mit 2 Prisen Salz und Pfeffer würzen. 150 ml Wasser dazugießen, aufkochen lassen und alles bei schwacher Hitze 5 Min. köcheln lassen. Die Bohnen samt Flüssigkeit in einen hohen Mixbecher umfüllen, Butter dazugeben und ganz nach Geschmack fein oder etwas gröber mixen. Mit Salz und Pfeffer abschmecken, das Bohnenpüree wieder zurück in den Topf geben und kurz vor dem Servieren erwärmen.

4 Die Garnelen mit 4 Prisen Salz und Zucker würzen und 5 Min. ziehen lassen. Inzwischen die Zitrone mit einem Messer schälen, sodass auch die weiße Haut mit entfernt wird. Dann die einzelnen Filets herausschneiden. Den Thymian waschen, die Blättchen abzupfen.

5 Die Garnelen in eine heiße Pfanne ohne Fett legen und bei starker Hitze 2 Min. anbraten. Wenden, dann die Butter, Zitronenfilets, Thymian und Knoblauch hinzugeben. 2 Min. weiterbraten, die Pfanne vom Herd ziehen und die Garnelen noch 1 Min. in der Gewürzbutter nachziehen lassen.

6 Die Garnelen mit dem Paprikagemüse und dem heißen Bohnenpüree auf Tellern anrichten und servieren.

👍 Quinoa, auch Inkareis genannt, ist ein toller Eiweißlieferant und eine schöne Abwechslung zu Reis, Kartoffeln oder Nudeln. Es gibt eine Vielzahl von Quinoasorten in verschiedenen Farben. Bei uns ist weiße, schwarze und rote Quinoa am bekanntesten und mittlerweile überall gut zu bekommen. Quinoa tricolore ist eine Mischung.

HÄHNCHEN MIT TANDOORI-KOKOS-SAUCE, QUINOA, ZUCKERSCHOTEN UND MANDELÖL

ZUTATEN FÜR 2 PERSONEN

FÜR DIE QUINOA
100 g Quinoa tricolore
1 EL Mandelöl (Reformhaus)
Salz

FÜR DAS HÄHNCHEN
2 Hähnchenbrustfilet ohne Haut
2 TL Tandooripaste
200 ml Kokosmilch
200 g Zuckerschoten
1 Frühlingszwiebel
4 g frischer Ingwer, gerieben
2 EL Sahne
Abrieb von ¼ Bio-Limette
schwarzer Pfeffer aus der Mühle

1 Die Quinoa nach Packungsanleitung garen, abgießen und zurück in den Topf geben. Kurz vor dem Servieren wieder erwärmen, mit dem Mandelöl verfeinern und mit Salz abschmecken.

2 Die Hähnchenbrustfilets halbieren, von beiden Seiten gut salzen und mit der Tandooripaste einstreichen. Die Paste kräftig einmassieren.

3 Die Fleischstücke in eine heiße Pfanne ohne Fett legen. 3 Min. bei starker Hitze anbraten, wenden und kurz weiterbraten, bis alles ringsherum angebräunt ist. Dann mit der Kokosmilch ablöschen und 2 Min. weiterköcheln lassen. Abdecken und das Fleisch ca. 10 Min. bei schwacher Hitze fertig garen, dabei immer wieder wenden.

4 Inzwischen die Zuckerschoten waschen, putzen und schräg halbieren. In kochendes Salzwasser geben, 1 Min. garen, dann herausheben und mit kaltem Wasser abschrecken. Gut abtropfen lassen.

5 Frühlingszwiebel waschen, putzen und in möglichst feine Würfel schneiden. Zuckerschoten und Ingwer zum Hähnchen geben und die Sauce weitere 3–4 Min. bei schwacher Hitze sämig einkochen. Zum Schluss die Sahne einrühren, die Frühlingszwiebel einstreuen, alles mit Limettenabrieb, Salz und Pfeffer abschmecken.

6 Das aromatische Hähnchen mit Gemüse, Sauce und Quinoa anrichten und servieren.

Gesund und gut

SCHARFER INGWER-SPINAT-SMOOTHIE MIT AVOCADO UND KAMILLE

ZUTATEN FÜR 600–650 ML /
2 PERSONEN

1 Handvoll junger Blattspinat
1 kleiner grüner Apfel,
    z. B. Granny Smith
½ reife Avocado
2 dünne Scheiben frischer
    Ingwer
1 Stängel frische Minze oder
    Brunnenkresse
400 ml lauwarmer Kamillentee
    (oder Wasser)
1 EL geröstete und gesalzene
    Cashewkerne
1 Prise Cayennepfeffer

AUSSERDEM
Mixer

1 Den Spinat unter kaltem Wasser kurz abbrausen und in einem Sieb abtropfen lassen. Den Apfel waschen, nach Belieben schälen – allerdings sitzen unter der Schale auch viele Vitamine – vierteln, entkernen und in grobe Würfel schneiden. Die Avocado schälen und in grobe Stücke schneiden. Den Ingwer in feine Würfel schneiden oder mit einer Küchenreibe gleich fein reiben. Minze oder Brunnenkresse waschen, trocken schütteln und samt Stiel grob zerkleinern.

2 Spinat, Kräuter, Avocado, Ingwer, Äpfel und Cashewkerne in den Mixer schichten, mit Cayennepfeffer würzen, mit Kamillentee begießen und den Mixbehälter verschließen. Bei langsamer Geschwindigkeit beginnen und anmixen, dann die Mixgeschwindigkeit erhöhen und so lange mixen, bis alle Zutaten fein zerkleinert und gut vermischt sind und ein herrlich cremiger Smoothie daraus geworden ist. Ein perfekter Start in den Tag.

👍 Für einen herrlich erfrischenden Sommer-Smoothie einfach 1 geschälte Banane mit 1 reifen und entsteinten Weinbergpfirsich, 80 g Heidelbeeren, 150 ml cremiger Kokosmilch, 2 TL Limettensaft, 200 ml Wasser und 1 Msp. Zimt in den Mixbecher geben und cremig aufmixen. Und dann mit ein paar Eiswürfeln genießen.

BRAINFOOD

Das Beste, das die Natur zu bieten hat – für alle, von deren Geist tagsüber Höchstleistung gefragt ist. Denn bestimmte Lebensmittel sind einfach gut fürs Hirn. Etwa, weil sie eine gute Portion Omega-3-Fettsäuren enthalten, viele Mineralien oder aber gutes Eiweiß. Alles genau richtig, um den Kopf auf Touren zu bringen.

Gesund und gut

ROH MARINIERTE MAKRELE MIT GRANATAPFEL UND GURKEN-INGWER-SALAT

ZUTATEN FÜR 2 PERSONEN

FÜR DEN GURKEN-INGWER-SALAT
200 g Salatgurke
Salz
40 g rote Zwiebeln
20 g Sushi-Ingwer (Asialaden)

FÜR DIE MARINADE
Abrieb und Saft von
 ½ Bio-Limette
2 EL Olivenöl
1–2 EL helle Sojasauce
30 g Granatapfelkerne
200 g fangfrische Makrelenfilets, ohne Haut

ZUM ANRICHTEN
1–2 Stängel Koriandergrün
geröstetes Sesamöl (nach
 Belieben)

1 Die Gurke waschen, schälen, der Länge nach vierteln, entkernen und nochmal der Länge nach halbieren. Dann die Stücke schräg in feine Streifen schneiden, in eine Schüssel geben und mit 1 guten Prise Salz würzen. Gut durchmischen und beiseitestellen.

2 Die Zwiebeln schälen und hauchfein schneiden. Mit 1 Prise Salz würzen und gut durchmischen. Den Ingwer in feine Streifen schneiden. Kurz vor dem Anrichten Gurke, Zwiebel und Ingwer mischen.

3 Für die Marinade Limettenabrieb und -saft, Olivenöl sowie Sojasauce in einer kleinen Schüssel verrühren. Die Granatapfelkerne einstreuen, alles einmal durchrühren und beiseitestellen.

4 Die Makrelenfilets falls nötig von restlichen Gräten befreien, dann mit einem scharfen Messer in möglichst dünne Scheiben schneiden. Die Fischscheiben nebeneinander auf einem flachen Teller auslegen (ähnlich wie bei einem Carpaccio). Die Makrele leicht salzen, mit der vorbereiteten Marinade beträufeln und kurz ziehen lassen.

5 Den Koriander waschen und trocken schütteln. Die Stiele fein schneiden, die Blätter grob hacken.

6 Zum Anrichten den Gurkensalat mit den Korianderstielen mischen und auf dem marinierten Fisch verteilen. Korianderblätter darüberstreuen und vor dem Servieren nach Belieben ein paar Tropfen geröstetes Sesamöl dazugeben.

Die Makrele ist ein Lieferant für die so wichtigen Omega-3-Fettsäuren. Sie fördern die Durchblutung, sind gut für die Herzaktivität, steigern die Sehkraft und regen den Gehirnstoffwechsel an. Omega-3-Fettsäuren stecken auch in anderen fettreichen Fischen, wie Hering, Lachs und Sardine.

Gesund und gut

👍 Kurkuma, die kleine gelbe Knolle, ist eine echte »Wunderwaffe«: entzündungshemmend und antibakteriell, verdauungsfördernd und antioxidativ – es gibt genug Gründe, sie täglich auf den Speiseplan zu setzen.

GEBRATENE HÄHNCHENBRUST MIT KURKUMA-SCHALOTTEN, ROSINEN UND NUSSPESTO

ZUTATEN FÜR 2 PERSONEN

FÜR DAS HÄHNCHEN
2 Hähnchenbrustfilets mit Haut (à 160 g)
Salz
1 TL Olivenöl
2 Schalotten (80 g)
1 EL Butter
3–4 Prisen Kurkuma
20 g Rosinen, Cranberrys oder Maulbeeren
schwarzer Pfeffer aus der Mühle

FÜR DAS NUSSPESTO
10 g Mandelstifte, geröstet
10 g gesalzene Erdnüsse
1 TL Walnussöl

FÜR DEN AVOCADOSTAMPF
1 reife Avocado
Abrieb und Saft von 1 Bio-Limette
¼ frische rote Chilischote

AUSSERDEM
Mörser
Kartoffelstampfer

1 Den Backofen auf 140 °C (Ober- und Unterhitze) vorheizen.

2 Die Hähnchenbrustfilets von beiden Seiten gut salzen, das Salz kräftig einmassieren. Das Olivenöl in eine heiße Pfanne geben, Hähnchenbrustfilets mit der Hautseite zuerst hineinlegen. 3 Min. bei starker Hitze anbraten, wenden und weitere 3 Min. ringsherum bei mittlerer Hitze goldbraun braten. Die Filets dann auf das Ofengitter legen (die Pfanne für später beiseitestellen) und auf mittlerer Schiene (ein Backblech als Tropfschutz darunterschieben) im Ofen noch 15–18 Min. saftig durchgaren.

3 Parallel dazu die Schalotten schälen, halbieren und der Länge nach in feine Streifen schneiden. Die Butter in einem Topf aufschäumen lassen, Schalotten darin 3 Min. bei mittlerer Hitze langsam goldbraun braten, Kurkuma und Rosinen dazugeben, durchrühren und die Schalotten noch 1 Min. in der Kurkumabutter schwenken.

4 Inzwischen die gehobelten Mandeln in einer kleinen Pfanne ohne Fett goldbraun rösten, anschließend mit den Erdnüssen und dem Walnussöl im Mörser zu einem Nusspesto zerreiben.

5 Jetzt noch die Avocado schälen und halbieren. Den Kern herauslösen, das Fruchtfleisch mit einem großen Löffel herausheben und in einer Schüssel mit dem Kartoffelstampfer grob zerdrücken. Salzen, mit Limettenabrieb und -saft verfeinern. Die Chilischote (ohne Kerne) in feine Würfel schneiden und das Avocadopüree damit würzen.

6 Die Pfanne wieder erhitzen. Die Hähnchenbrustfilets aus dem Ofen nehmen, in die heiße Pfanne legen, mit Nusspesto bestreichen und kurz nachbraten.

7 Die Filets entweder gleich aufschneiden oder ganz lassen und mit den Kurkumaschalotten und dem Avocadostampf anrichten. Etwas frisch gemahlenen Pfeffer darübergeben und servieren.

Gesund und gut

HÜTTENKÄSE MIT SCHARFEN HONIGAPRIKOSEN UND GERÖSTETEN KÜRBISKERNEN

ZUTATEN FÜR 2 PERSONEN

300 g reife Aprikosen
1 TL Butter
1 TL Honig
1 Prise gemahlener Zimt
1 Prise Chiliflocken

ZUM ANRICHTEN
20 g Kürbiskerne
200 g Hüttenkäse

1 Die Aprikosen waschen und trocken reiben. Dann halbieren, entkernen und je nach Größe nochmals halbieren. In eine heiße Pfanne geben, kurz anrösten, die Butter hinzufügen und die Aprikosen 1 Min. bei starker Hitze braten. Dann wenden, 2 Min. bei mittlerer Hitze braten, dabei immer wieder wenden. Honig und 2 EL Wasser dazugeben, alles durchschwenken und die Aprikosen noch 1 Min. unter Rühren fertig garen. Mit Zimt und Chili würzen und vom Herd nehmen.

2 Die Kürbiskerne in eine heiße Pfanne ohne Fett geben, abdecken und die Kerne 1–2 Min. rösten. Dabei immer wieder schwenken, damit die Kerne schön aufspringen können. Die Kerne aus der Pfanne heben und auf einem Teller auskühlen lassen.

3 Den Hüttenkäse in ein Sieb geben, ganz kurz mit kaltem Wasser abbrausen und gut abtropfen lassen.

4 Den Hüttenkäse mit den Aprikosen anrichten und mit Kürbiskernen bestreuen. Für einen etwas anderen Start in den Tag, aber auch als leichte Mahlzeit für zwischendurch gut geeignet.

👍 Das Ganze lässt sich auch als Topping mit gemischten Blattsalaten (z. B. Chicorée, Radicchio und Rucola) kombinieren. Dafür den Salat nur mit ein paar Spritzern Zitronensaft, Salz, Pfeffer und Olivenöl anmachen und mit den scharfen Honig-Aprikosen und dem Hüttenkäse genießen. Hüttenkäse abbrausen hört sich erstmal komisch an, ich weiß. Aber probieren Sie es doch einfach mal aus. Übrig bleiben geschmacksintensive, weiße, feste Krümel. Anstelle der Aprikosen passen auch Zwetschgen, Pflaumen oder Reneklorden.

Gesund und gut

👍 Die Inhaltsstoffe von Brokkoli können sich wirklich sehen lassen: Das grüne Gemüse ist nicht nur reich an Mineralstoffen wie Kalium, Kalzium, Eisen, Zink und Natrium, es enthält außerdem noch allerhand Vitamine wie A, B_1, B_2, B_6, C und E. Übrigens: Auch die zarten Blätter kann man, ähnlich wie bei Kohlrabi, mitverwenden, sie schmecken hervorragend. Einfach klein schneiden und zum Schluss unter das Brokkoligemüse rühren.

GERÖSTETER BROKKOLI MIT ZITRONEN-VINAIGRETTE, HEIDELBEEREN UND AMARANT

ZUTATEN FÜR 2 PERSONEN

FÜR DEN BROKKOLI
500 g Brokkoli
1 EL Rapsöl
Salz
schwarzer Pfeffer aus der Mühle

FÜR DIE ZITRONENVINAIGRETTE
1 Eigelb (M)
10 g mittelscharfer Senf
2 EL Rapsöl
Abrieb und Saft von ¼ Bio-Zitrone

ZUM ANRICHTEN
20 g Walnusskerne
100 g Heidelbeeren
1 TL Butter
1 EL Amarantpops

1 Den Brokkoli putzen, in Röschen teilen und diese in 0,5 cm dicke Scheiben schneiden. Den dicken Stiel mit dem Sparschäler schälen, der Länge nach halbieren und ebenfalls in dünne Scheiben schneiden.

2 Das Rapsöl in eine große heiße Pfanne geben. Den Brokkoli hineinlegen, gleich mit 2 Prisen Salz würzen und 3 Min. bei starker Hitze anbraten. Mit 100 ml Wasser ablöschen, sofort abdecken und bei mittlerer Hitze ca. 4 Min. schmoren. Den Deckel wieder abnehmen und das Gemüse weitere 2 Min. goldbraun rösten. Mit Salz und Pfeffer kräftig abschmecken.

3 Inzwischen für die Zitronenvinaigrette in einer Schüssel das Eigelb und den Senf mit dem Schneebesen glatt rühren. Rapsöl, 2 EL Wasser, Zitronenabrieb und -saft einrühren und die Vinaigrette mit Salz und Pfeffer abschmecken.

4 Die Walnüsse in feine Scheiben schneiden. Die Heidelbeeren verlesen. Die Butter in einer Pfanne aufschäumen lassen, die Heidelbeeren einstreuen und 30 Sek. erwärmen. Die Walnüsse dazugeben, durchschwenken und die Pfanne vom Herd ziehen.

5 Den gerösteten Brokkoli mit den warmen Heidelbeeren und der Zitronenvinaigrette auf Tellern anrichten. Mit den Amarantpops bestreuen und servieren.

Gesund und gut

ZWEIERLEI AVOCADO MIT KNUSPRIGEN KICHERERBSEN UND KURZ GEBRATENEM LACHS

ZUTATEN FÜR 2 PERSONEN

FÜR DIE AVOCADO
1 reife Avocado
Abrieb und Saft von ¼ Bio-Limette
Salz
Schwarzer Pfeffer aus der Mühle

FÜR DIE KICHERERBSEN
80 g Kichererbsen aus der Dose
Olivenöl
2 Prisen scharfes Currypulver
2 Prisen Kurkuma

FÜR DEN LACHS
200 g frischer Lachs, ohne Haut (Sushi-Qualität)

ZUM ANRICHTEN
eine Handvoll gewaschene junge Blattsalate und frische Kräuter, z. B. Minze, Basilikum, Koriander
Limettensaft

AUSSERDEM
Pürierstab

1 Die Avocado halbieren, dabei in einer Hälfte den Kern lassen, so wird sie nicht braun. Aus der anderen Hälfte das Fruchtfleisch mit einem Löffel herauslösen und in einen hohen Mixbecher geben. 2 EL Wasser, Limettenabrieb und -saft dazugeben, mit 2 Prisen Salz und Pfeffer würzen und alles cremig mixen.

2 Die Kichererbsen in ein Sieb geben und kalt abbrausen, bis das Wasser klar bleibt. Dann auf Küchenpapier gut abtropfen lassen. 1 EL Olivenöl in einer Pfanne erhitzen, Kichererbsen hineingeben und gleich mit 1 guten Prise Salz würzen. 5–6 Min. knusprig braten. Dann mit Currypulver und Kurkuma bestreuen, gut durchschwenken, mit Salz und Pfeffer abschmecken und die Kichererbsen aus der Pfanne auf einen Teller geben.

3 Den Lachs falls nötig von restlichen Gräten befreien, von beiden Seiten salzen und in eine heiße Pfanne ohne Fett legen. 1 Min. bei starker Hitze anbraten, wenden und 1 Min. weiterbraten. Dann aus der Pfanne auf ein Brett geben und den Lachs mit einem richtig scharfen Messer in ca. 1 cm dicke Scheiben schneiden.

4 Den Kern aus der restlichen Avocadohälfte entfernen und das Fruchtfleisch mit einem großen Löffel herausheben. Die Avocado in schmale Spalten schneiden und mit der Avocadocreme und den Lachsscheiben auf Tellern anrichten.

5 Die Blattsalate mit den Kräutern in eine Schüssel geben und mit einigen Spritzern Limettensaft, Salz, Pfeffer und Olivenöl abschmecken. Etwas Salat auf jeden Teller geben, alles mit den knusprigen Kichererbsen bestreuen und servieren.

GEDÜNSTETER CURRY-CHICORÉE MIT ROTE-BETE-RELISH UND EINGELEGTEM INGWER

ZUTATEN FÜR 2 PERSONEN

FÜR DAS ROTE-BETE-RELISH
1 Frühlingszwiebel
Salz
80 g Rote Bete, vorgegart
2 EL Sushi-Ingwer (Asialaden)
 + 2 EL Ingwersud

FÜR DEN CHICORÉE
2 Chicorée
1 TL Kokosöl
1 Msp. Currypulver
1 gute Prise Kurkuma
50 g Naturjoghurt

AUSSERDEM
Pürierstab

1 Die Frühlingszwiebel waschen, putzen und in feine Würfel schneiden. Dann in eine Schüssel geben und mit 1 Prise Salz würzen, gut durchrühren und stehen lassen. Die Rote Bete in möglichst feine Würfel schneiden. Den Ingwer ebenfalls ganz fein schneiden. Frühlingszwiebel mit Rote Bete, Ingwer und Ingwersud zu einem Relish verrühren und zur Seite stellen.

2 Den Chicorée der Länge nach halbieren. Das Kokosöl in einer Pfanne erhitzen, Chicorée mit der Schnittfläche nach unten in das heiße Fett legen. 2 Min. darin goldbraun anbraten, mit 1 guten Prise Salz würzen, wenden und wieder salzen. Dann 2 Min. bei mittlerer Hitze weiterbraten. Currypulver und Kurkuma einstreuen, alles mit 50 ml Wasser ablöschen und durchschwenken. Das Gemüse noch 1 Min. weitergaren, dann vom Herd ziehen.

3 Den Joghurt in einen hohen Mixbecher geben. Die Flüssigkeit aus der Pfanne dazugießen und alles mit dem Pürierstab schaumig aufmixen. Mit 1 Prise Salz abschmecken.

4 Den gedünsteten Curry-Chicorée mit dem Rote-Bete-Relish und dem Joghurt anrichten und servieren.

👍 Unser Körper braucht für einen gut funktionierenden Stoffwechsel dringend Bitterstoffe. Ich weiß, da muss man sich langsam herantasten und öfter Produkte wie Chicorée, Radicchio oder auch Artischocken auf den Teller bringen. Gerade im Strunk sitzen reichlich Bitterstoffe – also nicht wegschneiden, sondern unbedingt mitverwenden. Und greifen Sie auch in die Naturapotheke: Gewürze wie Curry und Kurkuma bieten intensiven Geschmack und helfen ganz nebenbei bei der Aufnahme und Verarbeitung der gesunden Inhaltsstoffe.

ROH ANGEMACHTES KALBSFILET MIT STUDENTENFUTTER UND SPINATSALAT

ZUTATEN FÜR 2 PERSONEN

FÜR DAS KALBSFILET
250 g Kalbsfilet, vom Metzger sauber geputzt
Salz
Cayennepfeffer
schwarzer Pfeffer aus der Mühle
1 TL mittelscharfer Senf
1 EL Olivenöl
Abrieb und Saft von ¼ Bio-Zitrone

FÜR DIE AVOCADOCREME
½ reife Avocado (geschält 100 g)
10 g Sushi-Ingwer (Asialaden) + 1 EL Ingwersud

FÜR DEN SPINATSALAT
100 g junger Blattspinat
Saft von ¼ Bio-Zitrone
1 EL Avocadoöl (Reformhaus)
1 EL Olivenöl

ZUM ANRICHTEN
40 g Studentenfutter mit Cranberrys (Fertigprodukt)

AUSSERDEM
Pürierstab
Anrichtering oder runder Keksausstecher (5–7 cm; nach Belieben)

1 Das Kalbsfilet in möglichst feine Würfel schneiden und dann auf dem Brett mit einem breiten Messer durchhacken. Man kann es natürlich auch durch die feine Scheibe des Fleischwolfs drehen (s.u.). Das Fleisch in eine Schüssel geben und mit 3–4 Prisen Salz, 1 Prise Cayennepfeffer, schwarzem Pfeffer, Senf und Olivenöl verrühren und sorgfältig abschmecken. Damit das Fleisch die Farbe behält, erst jetzt Zitronenabrieb und -saft untermischen.

2 Die Avocado schälen und in grobe Stücke schneiden. Mit Ingwer und Ingwersud sowie 2 EL Wasser in einen hohen Mixbecher geben. Mit 2 Prisen Salz würzen und mit dem Pürierstab zu einer feinen, glänzenden Creme mixen.

3 Den Spinat waschen, in einem Sieb gut abtropfen lassen. Mit Zitronensaft, Avocado- und Olivenöl mischen und mit Salz und Pfeffer abschmecken.

4 Das Studentenfutter grob zerkleinern.

5 Sehr schön und ganz einfach lässt sich das Kalbstatar mithilfe des Anrichterings in Form bringen. Dafür einfach die Hälfte der Masse fest in den Ring drücken, die Oberfläche glatt streichen und den Ring vorsichtig abziehen. Avocadocreme und Spinatsalat daneben anrichten, mit Studentenfutter bestreuen und servieren.

👍 Schneller geht das Zerkleinern des Kalbsfilets natürlich mit dem Fleischwolf – aber geschmacklich macht das durchaus einen Unterschied. Im Fleischwolf wird die Konsistenz durch und durch weich. Schneiden Sie deshalb das Fleisch lieber frisch mit dem Messer – dann ist es auch weich, behält aber trotzdem etwas Biss. Machen Sie sich die Mühe – Sie werden sehen, das lohnt sich wirklich!

Gesund und gut

👍 Ich liebe gegrilltes Obst. Anstelle der Ananas eignen sich Wassermelone, Honigmelone, Pfirsiche oder auch Aprikosen. Durch das Grillen karamellisiert der natürliche Fruchtzucker und intensiviert den Geschmack der einzelnen Früchte enorm. Ein ideales Sommerdessert – aber auch im Winter ist dieses Gericht etwas ganz Feines.

GEGRILLTE ANANAS MIT AVOCADOCREME UND PEKANNÜSSEN

ZUTATEN FÜR 2 PERSONEN

FÜR DIE ANANAS
1 Stück Ananas (geschält ca. 200 g)

FÜR DIE AVOCADOCREME
¼ Avocado (geschält 50 g)
Saft von ¼ Zitrone
1 TL Puderzucker

FÜR DIE SÜSSE VINAIGRETTE
1 EL Agavendicksaft, ersatzweise Ahornsirup oder Honig
Saft von ¼ Bio-Orange
2 EL Granatapfelkerne
1 EL Olivenöl
6 Pekannusskerne

AUSSERDEM
Pürierstab
Grillpfanne

1 Die Ananas schälen, braune Stellen und »Augen« herausschneiden, den Strunk entfernen. Die Ananas der Länge nach in 1,5–2 cm breite Stücke schneiden.

2 Für die Creme die Avocado schälen, in grobe Stücke schneiden und in einen Mixbecher geben. Zitronensaft, Puderzucker und 2 EL Wasser hinzufügen und die Avocado mit dem Pürierstab fein mixen.

3 Für die süße Vinaigrette den Agavendicksaft mit Orangensaft verrühren und die Granatapfelkerne einstreuen. Ganz zum Schluss das Olivenöl einrühren.

4 Die Pekannüsse in einer Pfanne ohne Fett bei mittlerer Hitze 1–2 Min. rösten. Dann aus der Pfanne heben, auskühlen lassen und in feine Stücke schneiden.

5 Die Grillpfanne erhitzen. Die Ananasstücke ohne Zugabe von Fett hineinlegen, 2 Min. bei starker Hitze anbraten, dann wenden und noch 1 Min. fertig braten. Die Ananas aus der Pfanne heben, mit der Avocadocreme und der süßen Vinaigrette anrichten und genießen.

ENTSPANNUNGSKÜCHE

Schnibbeln, schneiden, rühren – fast schon meditativ sind diese Gerichte. Denn Feierabend heißt nicht immer gleich »Ab auf die Couch«. Bei der Zubereitung dieser Gerichte ist das Motto: Einfach mal setzen, fernab von Bildschirm und Co., und die Gedanken baumeln lassen. Und danach entspannt genießen – gerne auch auf der Couch.

Entspannungsküche

SUMMERROLLS MIT KAROTTEN, GURKEN, SPROSSEN UND SOJA-APFEL-DIP

ZUTATEN FÜR 2 PERSONEN

FÜR DIE SUMMERROLLS
1 Karotte
½ Salatgurke
1 Apfel
100 g Partygarnelen (nach Belieben)
50 g Bohnensprossen
¼ frische Chilischote, entkernt
2 EL geröstete, gesalzene Erdnüsse
Salz
Abrieb von ½ Bio-Limette
6–8 Stängel frische gemischte Kräuter, z. B. Koriander, Minze und Thai-Basilikum
8 kleine Blätter Kopfsalat (oder Eisbergsalat)
8 Blätter Reispapier (Asialaden)

FÜR DEN SOJA-APFEL-DIP
1 Frühlingszwiebel
2 Prisen brauner Zucker
2 EL Sojasauce
80 ml naturtrüber Apfelsaft
1–2 EL Hoisinsauce (Asialaden)

1 Das Gemüse waschen und putzen. Die Karotte schälen und mit dem Sparschäler in lange dünne Streifen schneiden, diese in ca. 5 cm lange Stücke teilen. Die Gurke schälen, der Länge nach halbieren und mit einem Löffel entkernen. Dann ebenfalls in ca. 5 cm lange, möglichst feine Streifen schneiden. Den Apfel schälen, entkernen und ebenfalls in feine Streifen schneiden. Falls verwendet, die Garnelen in kleine Stücke schneiden. Die Bohnensprossen mit kaltem Wasser abbrausen und gut abtropfen lassen. Die Chilischote in feine Würfel schneiden. Die Erdnüsse grob hacken.

2 Das vorbereitete Gemüse mit Apfel, Garnelen, Chilischoten und Erdnüssen in eine Schüssel geben. Mit 2 guten Prisen Salz würzen und den Limettenabrieb dazugeben. Alles gut durchmischen und kurz ziehen lassen.

3 Inzwischen die Kräuter waschen, trocken schütteln und die Blätter abzupfen. Den Kopfsalat waschen und gut trocken schleudern.

4 Ein Blatt Reispapier kurz unter fließendes kaltes Wasser halten, auf einem Küchentuch ausbreiten und abtupfen. Das Papier mit 1 Salatblatt belegen und ein Achtel der vorbereiteten Füllung dazugeben, mit Kräutern bestreuen und eng aufrollen. Dafür zuerst das untere Ende des Reispapiers über die Füllung schlagen, dann die seitlichen Ränder umklappen und alles zu einer straffen Rolle formen. Restliches Reispapier, Salatblätter und Füllung ebenso verarbeiten. Das Reispapier klebt sehr stark, deshalb die einzelnen Blätter nach und nach einweichen.

5 Für den Dip die Frühlingszwiebel waschen, putzen und in möglichst feine Würfel schneiden. Mit 2 Prisen Salz und Zucker in einer Schüssel vermengen und kurz ziehen lassen. Dann Sojasauce, Apfelsaft und Hoisinsauce unterrühren.

6 Die Sommerrollen nach Belieben quer halbieren und mit dem Dip servieren.

👍 Bei der Füllung der Sommerrollen können Sie Ihrer Fantasie freien Lauf lassen: Experimentieren Sie mit Tofu, gebratenem und klein gezupftem Hühnchen oder Rindfleisch, Fisch oder verschiedenen Gemüsesorten. Ein tolles Essen, das sich auch gut vorbereiten lässt, wenn Freunde kommen.

RINDERTATAR MIT KNUSPRIGEN BROTSCHEIBEN, GURKENCHUTNEY UND FRITTIERTEN KAPERN

ZUTATEN FÜR 2 PERSONEN

FÜR DAS GURKENCHUTNEY
1 Salatgurke
1 kleine Schalotte
½ TL brauner Zucker
Salz
2 EL Weißweinessig
Chiliflocken

FÜR DAS RINDERTATAR
200 g Rinderfilet (oder Rinderhüfte)
3 Prisen Meersalzflocken, z. B. Fleur de Sel
schwarzer Pfeffer aus der Mühle
1 EL grobkörniger oder mittelscharfer Senf
1 TL Olivenöl

FÜR DIE KAPERN
40 g Butterschmalz
60 g Kapern

FÜR DEN ZITRONENRAHM
60 g Sauerrahm
Abrieb und Saft von ¼ Bio-Zitrone
1 Prise brauner Zucker

ZUM ANRICHTEN
1–2 EL Olivenöl
1 kleine Knoblauchzehe, angedrückt
2 Zweige frischer Thymian
4 Scheiben Ciabatta oder Weißbrot

1 Die Salatgurke waschen, schälen, vierteln und die Kerne entfernen. Die Gurkenstücke in möglichst feine Würfel schneiden. Die Schalotte schälen und ebenfalls in feine Würfel schneiden.

2 Den Zucker in einem Topf karamellisieren. Die Schalotten hineinstreuen, kurz anbraten, dann die Gurkenwürfel dazugeben. Mit 2 Prisen Salz würzen, durchrühren, mit Essig und 2 EL Wasser ablöschen. Alles einmal aufkochen und abgedeckt bei schwacher Hitze 10 Min. köcheln lassen, dabei immer wieder mal umrühren. Zum Schluss das Gurkenchutney mit Salz und Chiliflocken pikant abschmecken und auskühlen lassen.

3 Inzwischen das Fleisch in möglichst feine Würfel schneiden und dann auf dem Schneidebrett fein hacken. In eine Schüssel geben und mit Meersalzflocken, Pfeffer und Senf kräftig abschmecken. Mit dem Olivenöl verfeinern.

4 Das Butterschmalz in einer Pfanne erhitzen. Die Kapern auf Küchenpapier trocken tupfen, dann in dem heißen Schmalz 2 Min. knusprig frittieren. Herausheben und auf Küchenpapier abtropfen lassen.

5 Den Sauerrahm mit Zitronenabrieb und -saft verrühren. Mit Salz, Pfeffer und Zucker abschmecken. Das Olivenöl in einer Pfanne erhitzen, Knoblauch und Thymian dazugeben. Die Brotscheiben darin von beiden Seiten knusprig braun ausbacken.

6 Das Rindertatar locker auf den gerösteten Brotscheiben anrichten und mit Gurkenchutney, Zitronenrahm und den frittierten Kapern servieren.

Kapern sind eigentlich nicht so mein Fall. Werden sie allerdings, wie in diesem Rezept, in heißem Schmalz knusprig frittiert, ändert sich das schlagartig. So sind Kapern einfach der Knaller!

Entspannungsküche

KNUSPRIGE ENTENBRUST MIT HONIG-PFEFFER-GLASUR UND SPITZKOHLSALAT

ZUTATEN FÜR 2 PERSONEN

FÜR DIE ENTENBRUST
1 Barbarie-Entenbrust (300 g)
Salz

FÜR DIE HONIG-PFEFFER-GLASUR
1 EL Honig
½ TL geschroteter Pfeffer
2 EL Aceto balsamico bianco

FÜR DEN SPITZKOHLSALAT
½ junger Spitzkohl (350 g)
2 Prisen brauner Zucker
2 EL Apfelessig
2 EL Rapsöl
schwarzer Pfeffer aus der Mühle
½ Bund frischer Schnittlauch
20 g Kürbiskerne, geröstet

ZUM ANRICHTEN
Meersalzflocken, z. B. Fleur de Sel
Kürbiskernöl

1 Den Backofen auf 140 °C (Ober- und Unterhitze) vorheizen.

2 Die Entenbrust falls nötig von Sehnen befreien, die Hautseite in schmalen Abständen einritzen. Von beiden Seiten nur salzen, dann mit der Hautseite in eine kalte Pfanne ohne Fett legen. Bei mittlerer Hitze 5–6 Min. braten, wenden und ringsherum weitere 2 Min. anbraten. Die angebratene Entenbrust auf dem Ofengitter (ein Backblech als Tropfschutz darunterschieben) auf mittlerer Schiene in den Backofen schieben und 10–12 Min. rosa braten. Die Pfanne kurz mit Küchenpapier ausreiben und für später beiseitestellen.

3 Inzwischen den Honig mit Pfeffer und Essig in einer Schüssel gut verrühren.

4 Parallel dazu den Spitzkohl putzen, den Strunk entfernen und die Blätter in möglichst feine Streifen schneiden. In eine Schüssel geben und mit 3 guten Prisen Salz würzen, kräftig durchkneten und kurz stehen lassen.

5 Danach mit Zucker, Apfelessig und Rapsöl anmachen, nochmals mit Salz und Pfeffer abschmecken.

6 Den Schnittlauch waschen, trocken schütteln und in nicht zu feine Röllchen schneiden. Kürbiskerne fein hacken. Den Spitzkohlsalat mit Schnittlauch und Kürbiskernen mischen.

7 Die rosa gebratene Entenbrust aus dem Ofen nehmen. Die Pfanne wieder erhitzen, die Honigglasur darin aufkochen lassen. Entenbrust mit der Hautseite nach unten hineinlegen, knusprig nachbraten, dabei immer wieder mit der Honigglasur beträufeln und mehrmals wenden. Vom Herd ziehen.

8 Das Fleisch aufschneiden und mit dem Spitzkohlsalat anrichten. Mit Meersalzflocken bestreuen und mit der restlichen Honigglasur beträufeln.

9 Zum Schluss noch den Salat mit Kürbiskernöl beträufeln und servieren.

PARFÜMIERTE DORADE IN DER MEERSALZKRUSTE MIT WARMEM FENCHEL-ORANGEN-SALAT

ZUTATEN FÜR 2 PERSONEN

FÜR DIE DORADE
1 fangfrische Dorade mit Kopf (ca. 750 g)
2 Knoblauchzehen
8 große Basilikumblätter
Salz
3 Nori-Blätter
2 Eiweiß (M)
2 kg grobes Meersalz

FÜR DEN FENCHEL-ORANGEN-SALAT
400 g Fenchel mit Grün
1 Bio-Orange
1 Prise Fenchelsamen
1 Prise Anissamen
2 EL Olivenöl
2 Prisen brauner Zucker
50 ml Weißwein
schwarzer Pfeffer aus der Mühle

ZUM ANRICHTEN
einige Tropfen Olivenöl

AUSSERDEM
Backpapier
Mörser

1 Den Backofen auf 230 °C (Ober- und Unterhitze) vorheizen. Die Dorade von innen und außen mit kaltem Wasser abbrausen und mit Küchenpapier gut trocken tupfen. Den Fisch auf jeder Seite vier Mal einschneiden. Den Knoblauch schälen und in dünne Scheiben schneiden. Je zwei Knoblauchscheiben und ein Basilikumblatt in die Einschnitte stecken. Den Fisch von beiden Seiten mit je 2 Prisen Salz würzen und gut einreiben. Die getrockneten Nori-Blätter auf der Herdplatte kurz erwärmen, so lassen sie sich viel leichter biegen. Den Fisch auf ein Nori-Blatt legen, mit den beiden anderen bedecken, überstehende Enden dabei einschlagen.

2 Die Eiweiße in einer Schüssel schaumig schlagen. Das Meersalz dazugeben und gut durchrühren. Etwa ein Drittel der Salzmasse auf einem mit Backpapier ausgelegten Blech verteilen und etwas flach drücken. Den eingewickelten Fisch daraufsetzen, mit der restlichen Salzmischung vollständig bedecken und das Salz gut andrücken. Den Fisch in den vorgeheizten Backofen schieben und ca. 25 Min. garen. Anschließend aus dem Ofen nehmen und 2 Min. ziehen lassen.

3 Inzwischen den Fenchel waschen und putzen, das Grün beiseitelegen. Die Fenchelknolle halbieren, vom Strunk befreien und in möglichst feine Streifen schneiden. Etwa ¼ der Orangenschale fein abreiben. Den Rest so schälen, dass auch die weiße Haut entfernt wird. Die Orange filetieren, den Saft dabei auffangen. Die Zwischenhäute ebenfalls gut ausdrücken – es sollten 50 ml Saft werden.

4 Die Fenchel- und Anissamen im Mörser fein zerreiben. 1 EL Olivenöl in einer Pfanne erhitzen, Fenchel darin bei starker Hitze 4 Min. anbraten. Zucker und Gewürze einstreuen, 2–3 Prisen Salz dazugeben und durchschwenken. Alles mit Weißwein und Orangensaft ablöschen, dann vom Herd ziehen. Das Fenchelgrün grob hacken und mit dem Orangenabrieb unterheben. Den Salat mit Salz und Pfeffer abschmecken.

5 Die Meersalzkruste am besten mit einem Sägemesser aufschneiden. Die obere Hälfte abheben, den Fisch von der Haut befreien und die saftigen Filets herausheben. Mit dem Fenchel-Orangen-Salat anrichten, mit einigen Tropfen Olivenöl beträufeln und servieren.

KARTOFFELSOTTO MIT PINIENKERNEN UND SEETEUFEL IM SPECKMANTEL

ZUTATEN FÜR 2 PERSONEN

FÜR DEN KARTOFFELSOTTO
500 g vorwiegend festkochende Kartoffeln
50 g Staudensellerie
1 Schalotte
2 EL Olivenöl
Salz
100 ml trockener Weißwein
20 g Pinienkerne
6–8 Stängel frische glatte Petersilie
20 g kalte Butterwürfel
50 g Parmesan, frisch gerieben
schwarzer Pfeffer aus der Mühle
frisch geriebene Muskatnuss

FÜR DEN SEETEUFEL
200 g Seeteufelfilet, Zander oder Forelle, küchenfertig
6 Scheiben Frühstücksspeck (60 g)
1 TL Olivenöl
Salz
schwarzer Pfeffer aus der Mühle
1 gute Prise Kümmel (nach Belieben)

1 Die Kartoffeln waschen, schälen und in 0,5 cm große Würfel schneiden. Den Staudensellerie waschen und putzen, dabei grobe Fäden abziehen. Sellerie in feine Würfel schneiden. Schalotte schälen, halbieren und in feine Würfel schneiden.

2 Das Olivenöl in einem Topf erhitzen, die Schalotte darin 2 Min. glasig dünsten. Kartoffeln und Staudensellerie dazugeben, durchrühren, salzen und 1 Min. anbraten. Den Weißwein nach und nach angießen und einkochen lassen. Dann mit 300 ml Wasser auffüllen, alles aufkochen lassen, abdecken und bei schwacher Hitze 25–30 Min. fertig garen.

3 Inzwischen die Pinienkerne in einer Pfanne ohne Fett goldbraun anrösten, herausnehmen und abkühlen lassen. Die Petersilie waschen, trocken schütteln, Blättchen abzupfen und grob hacken. Stiele fein schneiden.

4 Den Seeteufel in sechs gleich große Stücke schneiden und jedes mit 1 Speckscheibe umwickeln. Das Olivenöl in einer Pfanne erhitzen, Seeteufel mit der Nahtseite (Speck) zuerst in die Pfanne legen und 2 Min. bei starker Hitze anbraten. Dabei leicht salzen und pfeffern – wer mag, streut etwas Kümmel dazu. Die Filets wenden und weitere 2 Min. bei mittlerer Hitze fertig braten.

5 Butter und Parmesan unter den fertigen Kartoffelsotto rühren. Die Petersilie hinzugeben und alles mit Salz, Pfeffer und Muskatnuss abschmecken. Den Kartoffelsotto mit den gebratenen Seeteufelpäckchen anrichten, mit Pinienkernen bestreuen und servieren.

HÄHNCHEN-SATÉSPIESSE MIT ERDNUSSSAUCE UND THAI-BASILIKUM

ZUTATEN FÜR 2 PERSONEN

FÜR DIE HÄHNCHENSPIESSE
2 Hähnchenbrustfilets ohne Haut (à 150 g)
1 EL helle Sojasauce

FÜR DIE ERDNUSSSAUCE
60 g geröstete Erdnüsse
50 g Erdnussbutter
brauner Zucker
250 ml ungesüßte Kokosmilch
1 EL Sojasauce
Salz

FÜR DAS GEMÜSE
200 g Karotten
160 g Lauch
½ rote Chilischote, entkernt
2 Stängel Thai-Basilikum
1 EL Rapsöl
1 EL Sojasauce
Abrieb und Saft von ½ Bio-Limette

AUSSERDEM
Holzspieße

1 Die Hähnchenbrustfilets der Länge nach in ca. 1 cm dicke, lange Streifen schneiden und wellenartig auf Holzspieße stecken. In eine flache Form legen, die Sojasauce auf das Fleisch träufeln, mit den Fingern gut einreiben und stehen lassen.

2 Die Erdnüsse grob hacken. Die Erdnussbutter in einem Topf erhitzen, gehackte Nüsse (bis auf 2 EL) hineinstreuen und 2 Prisen Zucker dazugeben. Unter Rühren nach und nach die Kokosmilch angießen, aufkochen und offen 5–6 Min. köcheln lassen. Die Sauce in einen hohen Becher geben und mit dem Pürierstab fein mixen. Mit Sojasauce und falls nötig mit Salz und Zucker abschmecken.

3 Das Gemüse gründlich waschen. Die Karotten schälen und dann mit dem Sparschäler in lange Streifen schneiden. Den Lauch der Länge nach halbieren und schräg in feine Streifen schneiden. Die Chilischote fein würfeln. Das Thai-Basilikum waschen, trocken schütteln und die Blätter abzupfen.

4 Das Rapsöl in eine heiße Pfanne geben, Karotten- und Lauchstreifen hineinstreuen, mit 1 guten Prise Salz würzen, durchschwenken und 4 Min. bei mittlerer Hitze braten. Das Gemüse mit Chili, Sojasauce, Limettenabrieb und -saft abschmecken. Zum Schluss das Thai-Basilikum untermengen.

5 Die Hähnchenspieße von beiden Seiten leicht salzen, in eine Pfanne ohne Fett legen und bei starker Hitze 2 Min. anbraten, wenden und 1 Min. weiterbraten. Dann abdecken, vom Herd nehmen und in der Restwärme gar ziehen lassen.

6 Die Satéspieße mit dem Gemüse anrichten, mit den restlichen Erdnüssen bestreuen und mit reichlich Sauce genießen.

Entspannungsküche

SHABU-SHABU VOM RINDERFILET MIT PILZ-DASHI, SPINAT UND SESAMÖL

ZUTATEN FÜR 2 PERSONEN

FÜR DIE PILZ-DASHI
20 g frische oder 2–3 getrocknete Shiitakepilze
1 Stängel Zitronengras
1 kleine Knoblauchzehe
2 Scheiben frischer Ingwer
2 Kaffirlimettenblätter
1 Schalotte
1 TL Rapsöl + Rapsöl zum Einfetten
¼ frische rote Chilischote
2 g getrocknete Bonitoflocken (Asialaden)
2 EL helle Sojasauce
Salz

FÜR DIE EINLAGE
160 g Rinderfilet
50 g junger Blattspinat
40 g Champignons
Abrieb und Saft von ¼ Bio-Limette
geröstetes Sesamöl

ZUM ANRICHTEN
1 Knoblauchzehe

AUSSERDEM
2 Gefrierbeutel

1 Die Pilze in feine Scheiben schneiden (falls getrocknete verwendet werden, diese grob zerkleinern). Das Zitronengras am dickeren Ende mit dem Messerrücken andrücken – so werden die wunderbaren Aromen herausgekitzelt – und in feine Scheiben schneiden. Knoblauch schälen und in feine Scheiben schneiden. Ingwer in feine Streifen schneiden. Kaffirlimettenblätter in feine Streifen schneiden oder grob zerzupfen. Die Schalotte schälen, halbieren und in feine Streifen schneiden.

2 Das Rapsöl in einem Topf erhitzen, Pilze und Schalotte darin 1 Min. bei starker Hitze anbraten. Die restlichen vorbereiteten Zutaten dazugeben, durchrühren und 1 Min. weiterbraten. Mit 600 ml Wasser aufgießen und einmal aufkochen lassen. Chilischote und Bonitoflocken dazugeben und die Brühe offen bei schwacher Hitze ca. 15 Min. köcheln lassen.

3 Inzwischen das Rinderfilet in kleine Würfel schneiden. Einen Gefrierbeutel mit etwas Rapsöl bestreichen. Vier Fleischwürfel mit etwas Abstand darauflegen, mit dem zweiten Gefrierbeutel abdecken und mit einem Stieltopf oder der glatten Seite des Fleischklopfers zu hauchdünnen Scheiben klopfen. Das restliche Fleisch ebenfalls flach klopfen.

4 Für die Einlage den Spinat putzen, waschen und gut abtropfen lassen. Die Champignons putzen und in hauchdünne Scheiben schneiden. Spinat und Champignons in eine Schüssel geben und mit Limettenabrieb und -saft, 2 Prisen Salz sowie ein paar Tropfen Sesamöl mischen.

5 Den Backofen auf 70 °C (Ober- und Unterhitze) vorheizen. Die Knoblauchzehe halbieren. Zwei tiefe Teller mit der Knoblauchzehe ausreiben, leicht salzen und das Fleisch wellenartig hineinlegen. Den Spinatsalat auf die Teller verteilen und alles im vorgeheizten Backofen 10 Min. erwärmen.

6 Die Pilz-Dashi durch ein feines Sieb passieren, wieder zurück in den Topf gießen, aufkochen lassen und mit der Sojasauce und falls nötig auch mit Salz abschmecken. Die Teller aus dem Ofen nehmen, mit der kochend heißen Brühe aufgießen und sofort servieren.

Asiatische Aromen wie Zitronengras, Kaffirlimette, Chili und Ingwer sind durch nichts zu ersetzen und sollten immer in Ihrer Küche vorrätig sein. Man kann sie einfrieren und dann ohne großen Geschmacksverlust verbrauchen.

GEBACKENE LACHSPRALINE MIT CURRY, GURKEN UND JOGHURTSCHAUM

ZUTATEN FÜR 2 PERSONEN

FÜR DIE LACHSPRALINEN
12 Blätter Frühlingsrollenteig
 (12 × 12 cm; Asialaden)
300 g Lachsfilet ohne Haut
2 Prisen scharfes Currypulver
Salz
1 Prise Chiliflocken
Abrieb von ¼ Bio-Zitrone
250 g Butterschmalz

FÜR DIE GURKEN
½ Salatgurke
25 g Sushi-Ingwer (Asialaden)

FÜR DEN JOGHURTSCHAUM
80 g Joghurt
2 EL Ingwersud
 (vom Sushi-Ingwer)
Abrieb und Saft von
 ¼ Bio-Zitrone

AUSSERDEM
Spiralschneider
Pürierstab

1 Die Teigblätter quer halbieren und in ca. 6 cm lange, feine Streifen schneiden, auf der Arbeitsfläche verteilen und etwas antrocknen lassen.

2 Inzwischen das Lachsfilet von restlichen Gräten befreien und in möglichst feine Würfel schneiden. In eine Schüssel geben und mit 2 guten Prisen Currypulver, 2 Prisen Salz, Chiliflocken und Zitronenabrieb würzen. Alles gut durchmischen und kurz stehen lassen.

3 Die Salatgurke waschen, schälen und mit dem Spiralschneider in lange dünne Streifen schneiden. In eine Schüssel geben, mit 2 Prisen Salz würzen und gut durchmischen. Die Ingwerscheiben in möglichst feine Streifen schneiden. Zu der Gurke geben, gut durchmischen und alles mit Salz abschmecken.

4 Den Joghurt in ein hohes Gefäß geben und mit Ingwersud, Zitronenabrieb und Saft verrühren. Leicht salzen und mit dem Pürierstab kurz aufmixen.

5 Das Butterschmalz in einem Topf oder einer tiefen Pfanne erhitzen. Die Lachsmasse in zwölf Portionen von ca. 25 g teilen. Mit den Händen gut zusammendrücken und in der Handinnenfläche mithilfe eines Teelöffels zu Nocken formen. Die Nocken in die geschnittenen Teigstreifen einschlagen und diese gut festdrücken. Die Lachspralinen nacheinander in das heiße Butterschmalz geben und 1–2 Min. darin goldbraun frittieren. Danach mit einer Schaumkelle herausheben und auf Küchenpapier abtropfen lassen. Noch heiß ganz leicht salzen.

6 Die Lachspralinen mit dem Gurken-Ingwer-Salat anrichten, den Joghurt dazu servieren.

Entspannungsküche

Entspannungsküche

BOHNENSALAT »DE LUXE« MIT THUNFISCH UND GERÖSTETEN CIABATTASCHEIBEN

ZUTATEN FÜR 2 PERSONEN

FÜR DAS BOHNENPÜREE
100 g große weiße Bohnen aus dem Glas, abgetropft
2 Zweige frischer Thymian
1 EL Olivenöl
½ Knoblauchzehe, angedrückt
Salz
schwarzer Pfeffer aus der Mühle
40 g Crème fraîche

FÜR DEN SALAT
100 g breite Bohnen
100 g Dicke Bohnen, tiefgekühlt oder frisch enthülst
¼ rote Zwiebel (30 g)
1 TL Butter
einige Spritzer Weißweinessig
80 g Thunfisch aus dem Glas, abgetropft

ZUM ANRICHTEN
200 g Ciabatta oder Weißbrot

AUSSERDEM
Pürierstab

1 Die weißen Bohnen in ein Sieb abgießen, kalt abbrausen, bis das ablaufende Wasser klar ist, dann gut abtropfen lassen. Thymian waschen, trocken schütteln, Blättchen abzupfen und fein hacken.

2 Das Olivenöl in einer Pfanne erhitzen, weiße Bohnen und Knoblauch hineingeben und 1 Min. braten. Thymian dazugeben, gut durchschwenken und mit 1 guten Prise Salz und Pfeffer abschmecken. Knoblauch wieder entfernen. Die Bohnen in einen Mixbecher geben und mit der Crème fraîche fein mixen. Falls nötig nochmals mit Salz und Pfeffer abschmecken, dann zur Seite stellen.

3 Die breiten Bohnen waschen, putzen – die Enden entfernen – Bohnen halbieren und dann der Länge nach in möglichst feine Streifen schneiden.

4 Die Bohnenstreifen in kochendes Salzwasser geben, 4–5 Min. bissfest garen, herausheben, eiskalt abschrecken und abtropfen lassen. Danach die Dicken Bohnen in demselben Wasser ebenfalls 5 Min. garen. Abgießen, eiskalt abschrecken und abtropfen lassen. Dann enthäuten, sodass die feinen, strahlend grünen Kerne zum Vorschein kommen.

5 Die rote Zwiebel schälen und in feine Streifen schneiden. Die Butter in einer Pfanne aufschäumen lassen, die Zwiebel darin 1 Minute anbraten, Bohnenstreifen und Kerne hineinstreuen, 2 Min. erhitzen, mit Salz und Pfeffer würzen, mit einigen Spritzern Weißweinessig verfeinern und gut durchschwenken.

6 Den abgetropften Thunfisch in mundgerechte Stücke zupfen.

7 Den Backofen auf Grillfunktion stellen.

8 Das Brot in fingerdicke Scheiben schneiden und im Backofen von beiden Seiten goldbraun rösten (oder im Toaster toasten).

9 Jetzt die Brotscheiben zuerst mit der Creme bestreichen, die angemachten Bohnen und den Thunfisch portionsweise darauf verteilen, nochmals mit frischen Pfeffer übermahlen und servieren.

👍 Schonender als bei dieser Garmethode lässt sich Fisch nicht zubereiten. Der natürliche Geschmack bleibt erhalten und sie eignet sich gut für Portionsstücke. Und wie erkennt man, ob der Fisch fertig ist? Wenn er seidig glänzt und keine weißen Eiweißpartikel ausgetreten sind, ist er innen noch glasig und damit perfekt gegart. Und übrigens: Normale Frischhaltefolie hält Temperaturen bis ca. 90 °C locker aus – es muss also nicht unbedingt die hitzebeständige sein.

LAUWARMES FORELLENSASHIMI MIT MEERRETTICH UND ROTER BETE

ZUTATEN FÜR 2 PERSONEN

FÜR DIE ROTE BETE
1 frische Rote Bete (150 g)
3 EL Apfelessig
1 gestrichener TL Salz
1 gestrichener TL Zucker

FÜR DAS FORELLENSASHIMI
4 fangfrische Forellenfilets ohne Haut (à 80 g)
20 g flüssige Butter
Salz

ZUM ANRICHTEN
frischer Schnittlauch
schwarzer Pfeffer aus der Mühle
frisch geriebener Meerrettich
geröstetes Sesamöl (nach Belieben)

AUSSERDEM
Einweghandschuhe
Frischhaltefolie

1 Da Rote Bete beim Schälen und Schneiden ziemlich abfärbt, am besten Einweghandschuhe tragen. Die Rote Bete gründlich waschen, schälen und in möglichst dünne Scheiben schneiden oder hobeln.

2 200 ml Wasser mit Apfelessig, Salz und Zucker in einen Topf geben, Rote Bete hineinlegen und aufkochen lassen. 10 Min. bei schwacher Hitze offen, dann noch weitere 10 Min. abgedeckt köcheln lassen, bis die Scheiben bissfest sind. Dann vom Herd ziehen.

3 Währenddessen den Backofen auf 80 °C (Ober- und Unterhitze) vorheizen. Die Forellenfilets von restlichen Gräten befreien und schräg in dünne, mundgerechte Scheiben schneiden. Die Servierteller mit etwas flüssiger Butter bestreichen, Forellenstücke nebeneinander flach auslegen, ebenfalls mit etwas Butter bestreichen und leicht salzen. Die Teller vollständig und fest mit Frischhaltefolie überziehen. Die so vorbereiteten Teller in den Backofen schieben und den Fisch ca. 10 Min. glasig garen.

4 Schnittlauch waschen, trocken schütteln und in nicht zu feine Röllchen schneiden. Die fertig gegarten Rote-Bete-Scheiben je nach Größe halbieren oder vierteln.

5 Den gegarten Fisch aus dem Ofen nehmen, die Folie abziehen. Den Fisch leicht mit Pfeffer übermahlen, die Rote Bete direkt auf dem Fisch platzieren und mit dem Rote-Bete-Sud aus dem Topf beträufeln. Mit frisch geriebenen Meerrettich und Schnittlauchröllchen bestreuen. Wer mag, gibt vor dem Servieren noch einige Tropfen Sesamöl dazu.

Entspannungsküche

GERÖSTETER OFENKÜRBIS MIT GEMÜSECURRY

ZUTATEN FÜR 2 PERSONEN

FÜR DEN OFENKÜRBIS
- 1 kleiner Hokkaidokürbis (geputzt 500 g)
- Salz
- 2 Prisen edelsüßes Paprikapulver
- 2 EL Rapsöl

FÜR DIE CURRYSAUCE
- 1 TL brauner Zucker
- 1 TL rote Currypaste
- 1 gehäufter TL Tomatenmark
- 250 ml ungesüßte Kokosmilch
- 50 g Sahne

FÜR DAS GEMÜSE
- 2 Frühlingszwiebeln
- 4 frische Shiitakepilze
- 80 g Zuckerschoten
- 50 g Baby-Maiskolben
- 1 EL Rapsöl

ZUM ANRICHTEN
- 2 EL geröstete Cashewkerne (nach Belieben)

1 Den Backofen auf 200 °C (Ober- und Unterhitze) vorheizen. Den Kürbis putzen und in ca. 3 cm dicke Spalten schneiden. In eine ofenfeste Form oder auf ein Backblech legen und mit 3 Prisen Salz, Paprikapulver und Rapsöl gut durchmischen. Den Kürbis im Ofen 25–30 Min. backen.

2 Für die Currysauce den Zucker in einem Topf hell karamellisieren lassen. Currypaste und Tomatenmark einrühren, mit einem Schuss Kokosmilch ablöschen und glatt rühren. Die restliche Kokosmilch und 100 ml Wasser dazugießen, aufkochen lassen und 6–7 Min. bei schwacher Hitze köcheln lassen. Die Sahne dazugießen und die Sauce weitere 8 Min. sämig einkochen lassen.

3 Inzwischen die Frühlingszwiebeln waschen, putzen, und schräg in 0,5 cm dicke Scheiben schneiden. Die Pilze putzen und halbieren, dann in 1 cm breite Stücke schneiden. Zuckerschoten längs halbieren, Mais in 1 cm dicke Scheiben schneiden.

4 Das Rapsöl in einer Pfanne oder im Wok erhitzen, Pilze und Mais darin 2 Min. anbraten. Zuckerschoten dazugeben, 1 Min. mitbraten und alles mit 2 Prisen Salz würzen. Jetzt noch die Frühlingszwiebeln einstreuen und alles durchschwenken. Das Gemüse in die Currysauce geben und 3–4 Min. bei schwacher Hitze darin ziehen lassen. Das Gemüsecurry mit Salz abschmecken.

5 Die Cashewkerne (falls verwendet) grob hacken. Das Gemüsecurry mit dem Ofenkürbis anrichten, mit Cashewkernen bestreuen und zum Beispiel mit gekochten Basmatireis servieren.

👍 Kürbis aus dem Ofen – herrlich! Hokkaido eignet sich besonders gut dazu. Das hocharomatische Fruchtfleisch schmeckt gebacken einfach köstlich. Außerdem kann man die Schale mitessen.

Entspannungsküche

GEBRATENE RATATOUILLE MIT MARINIERTEN MIESMUSCHELN UND ESTRAGON

ZUTATEN FÜR 2 PERSONEN

FÜR DIE SAUCE
2 Tomaten (270 g)
2 Prisen brauner Zucker
Meersalzflocken, z. B. Fleur de Sel
1 Zweig frischer Thymian
1 kleine Knoblauchzehe, in der Schale angedrückt
2 EL Olivenöl
1 Prise Cayennepfeffer

FÜR DAS GEMÜSE
½ rote Zwiebel (60 g)
½ Zucchini (150 g)
½ Aubergine (150 g)
½ gelbe Paprikaschote, entkernt (150 g)
3–4 EL Olivenöl
Salz
schwarzer Pfeffer aus der Mühle

FÜR DIE MIESMUSCHELN
500 g frische Miesmuscheln (ca. 200 g ausgelöstes Muschelfleisch)
3–4 Stängel frische glatte Petersilie
1 Stängel frischer Estragon
½ Knoblauchzehe
Abrieb und Saft von ¼ Bio-Zitrone
2 EL Olivenöl

AUSSERDEM
Pürierstab

1 Die Tomaten waschen, vom grünen Strunk befreien und halbieren. Den Zucker in eine heiße Pfanne geben, Tomaten mit der Schnittfläche nach unten hineinlegen, mit 1 Prise Meersalzflocken würzen. Thymian waschen, Knoblauch in der Schale andrücken und beides dazugeben. Abdecken und bei mittlerer Hitze ca. 6 Min. braten.

2 Die Tomaten wenden, noch 1 Min. weiterbraten und dann in einen Mixbecher geben; Thymian und Knoblauch wegwerfen. Tomaten mit dem Pürierstab fein mixen, das Olivenöl dazugießen, nochmals durchmixen und die Sauce mit Cayennepfeffer und Meersalzflocken abschmecken. Durch ein feines Sieb zurück in die Pfanne gießen.

3 Die Zwiebel schälen und in 0,5–1 cm dicke Spalten schneiden. Das Gemüse waschen und putzen. Zucchini und Aubergine in 0,5 cm dicke Scheiben schneiden, Paprika mit dem Sparschäler schälen und in 1,5 cm breite Spalten schneiden.

4 Eine große Pfanne erhitzen, einen kleinen Schuss Olivenöl hineingießen. Zucchinischeiben in die Pfanne geben, gleich salzen, 2–3 Min. braten, dann wenden und weitere 2 Min. braten, bis sie goldbraun sind. Dann aus der Pfanne heben und kurz auf Küchenpapier entfetten. In der Pfanne das restliche Gemüse braten, falls nötig noch etwas Öl dazugeben. Zum Schluss das ganze Gemüse wieder zurück in die Pfanne geben und mit Salz und Pfeffer abschmecken.

5 Inzwischen die Miesmuscheln für ca. 1 Min. in kochendes Salzwasser geben – nur so lange, bis sie aufspringen. Herausheben und eiskalt abschrecken. Das Muschelfleisch aus den Schalen lösen.

6 Für die Marinade die Kräuter waschen, trocken schütteln, Blätter abzupfen. Stiele möglichst fein schneiden, Blätter grob hacken. Knoblauch schälen und in feine Würfel schneiden.

7 Die ausgelösten Miesmuscheln tropfnass mit dem Knoblauch in eine heiße Pfanne geben, kurz anbraten, durchschwenken, Kräuter, Zitronenabrieb und -saft dazugeben, alles gut mischen und sofort vom Herd ziehen. Erst jetzt mit dem Olivenöl beträufeln und mit 1 Prise Meersalzflocken und Pfeffer abschmecken.

8 Gemüse und Tomatensauce nochmals erwärmen, mit den marinierten Miesmuscheln anrichten und servieren.

👍 Teppanyaki – bekannt aus der japanischen Küche – bezeichnet das Grillen auf einer glatten Stahloberfläche ohne Fett bei hoher Temperatur. Die dadurch entstehenden Röststoffe sind Geschmack pur. Keine Sorge, dafür braucht man keinen extra Herd. Es lässt sich zu Hause ganz einfach mit einer beschichteten Pfanne nachahmen.

TEPPANYAKI VON DER RINDERHÜFTE MIT SAFTIGEM WALDORFSALAT UND MEERRETTICHSAUCE

ZUTATEN FÜR 2 PERSONEN

FÜR DEN WALDORFSALAT
150 g Staudensellerie mit Grün
1 grüner Apfel, z. B. Granny Smith
1 guter Spritzer Zitronensaft
2 EL Apfelessig
Salz
Zucker
4 EL Olivenöl
schwarzer Pfeffer aus der Mühle
40 g geröstete und gesalzene Macadamianüsse

FÜR DIE MEERRETTICHSAUCE
1 EL Sahnemeerrettich aus dem Glas
3 EL Crème fraîche
einige Schnittlauchhalme

FÜR DAS FLEISCH
250–300 g Rinderhüfte
Meersalzflocken, z. B. Fleur de Sel
2 TL Olivenöl

ZUM ANRICHTEN
etwas frisch geriebener Meerrettich
einige Radieschensprossen, Garten- oder Shisokresse (nach Belieben)

AUSSERDEM
Gefrierbeutel
Rollholz

1 Für den Salat den Staudensellerie waschen, putzen und von oben her die holzigen, groben Fäden abziehen. Dicke Stangen der Länge nach halbieren. Die Stangen schräg in möglichst feine Scheiben schneiden. Sellerieblätter mit kaltem Wasser abbrausen und in kleine Stücke zupfen.

2 Den Apfel waschen, sechsteln, entkernen, in feine Scheibchen schneiden und sofort mit etwas Zitronensaft marinieren, damit die Stücke nicht braun werden.

3 Apfelessig mit je 2 Prisen Salz und Zucker sowie Olivenöl verrühren, mit schwarzen Pfeffer abschmecken. Staudensellerie samt Blättern und die Apfelstücke in einer Schüssel mit der Vinaigrette gut mischen. Falls nötig vor dem Anrichten nochmals mit Salz und Pfeffer abschmecken.

4 Die Nüsse in einen Gefrierbeutel geben und mit dem Rollholz, Fleischklopfer oder einem Stieltopf grob zerkleinern.

5 Sahnemeerrettich mit Crème fraîche glatt rühren und mit 2 Prisen Salz, 1 Prise Zucker und Pfeffer abschmecken.

6 Schnittlauch waschen, trocken schütteln, in feine Röllchen schneiden und mit der Meerrettichcreme verrühren.

7 Das Fleisch in ca. 5 cm breite Stücke teilen und dann gegen die Faser in ca. 1 cm dicke Scheiben schneiden. Die einzelnen Stücke nacheinander auf den unteren Teil eines Gefrierbeutels legen, obere Hälfte darüberklappen und das Fleisch mit dem Fleischklopfer etwas flacher klopfen.

8 Eine große beschichtete Pfanne auf maximale Temperatur erhitzen. Die Fleischscheiben ohne Fett nebeneinander hineinlegen (falls nötig portionsweise) und 1–2 Min. scharf anbraten, ohne dabei die Pfanne zu bewegen – sobald sich genügend Röststoffe gebildet haben, löst sich das Fleisch von ganz allein. Das ist der richtige Zeitpunkt zum Wenden. Noch einige Sekunden in der Pfanne lassen, erst jetzt mit 2 Prisen Meersalzflocken und Pfeffer würzen.

9 Die Fleischscheiben sofort auf Tellern anrichten, mit je 1 TL Olivenöl beträufeln, mit Nüssen und Meerrettich bestreuen und mit dem Salat, der Meerrettichcreme und einigen Sprossen oder Kresseblättern garnieren und genießen.

SALAT AUS KNUSPRIG GEBRATENEM BROT MIT KIRSCHTOMATEN UND FRÜHLINGSZWIEBEL

ZUTATEN FÜR 2 PERSONEN

FÜR DIE KIRSCHTOMATEN
300 g bunte Kirschtomaten
50 g dunkle Oliven, z. B. Kalamata, entkernt
1 Frühlingszwiebel
80 g Staudensellerie
Salz
Zucker
schwarzer Pfeffer aus der Mühle
2 EL Weißweinessig
2 EL Olivenöl
½ TL Puderzucker

FÜR DAS GEBRATENE BROT
1 Zweig frischer Rosmarin
1 Knoblauchzehe
200 g Ciabatta oder Focaccia
3 EL Olivenöl

1 Einen Topf mit Wasser zum Kochen bringen. Die Tomaten waschen, kreuzförmig einschneiden und kurz ins kochende Wasser tauchen. In ein Sieb abgießen und eiskalt abschrecken. Die Haut vorsichtig mit einem kleinen Messer abziehen.

2 Die Oliven je nach Größe halbieren oder vierteln. Frühlingszwiebel und Staudensellerie waschen und putzen, grobe Fäden vom Staudensellerie abziehen. Das Gemüse in feine Würfel schneiden und in eine Schüssel geben. Mit je 2 Prisen Salz, Zucker und Pfeffer würzen und durchrühren. Essig und 2 EL Wasser dazugeben, das Olivenöl einrühren. Beiseitestellen.

3 Den Rosmarin waschen, trocken schütteln, Nadeln abstreifen und fein hacken. Knoblauch schälen und ebenfalls fein hacken. Das Brot in ca. 2 cm große Würfel schneiden. 2 EL Olivenöl in einer großen Pfanne erhitzen, Brotwürfel hineinstreuen, mit 2 Prisen Salz würzen und 3 Min. anbraten. Rosmarin und Knoblauch dazugeben, alles gut durchschwenken, das restliche Öl dazugießen und das Brot weitere 5 Min. bei mittlerer Hitze goldbraun rösten.

4 Die Kirschtomaten in einer Pfanne erhitzen, mit Puderzucker bestäuben und 3 Min. bei mittlerer Hitze braten. Leicht salzen, die Oliven hineinstreuen und durchschwenken.

5 Die einzelnen Komponenten auf Tellern anrichten und erst zum Schluss mit der Vinaigrette beträufeln. So bleibt der Brotsalat schön knackig.

👍 Die Kirschtomaten häuten – lohnt sich das wirklich? Aus meiner Sicht auf jeden Fall. Denn übrig bleibt der pure süß-säuerliche Geschmack der kleinen Tomaten – und auf den sollte man wirklich nicht verzichten.

BEERENRISOTTO MIT VANILLE UND GESALZENEN MACADAMIANÜSSEN

ZUTATEN FÜR 2 PERSONEN

100 g Rundkorn- oder Milchreis
1 EL Zucker
400 ml Milch
½ Vanilleschote
1 Msp. Abrieb von
    1 Bio-Orange
50 g Sahne
80 g Heidelbeeren
80 g Himbeeren, tiefgekühlt

ZUM ANRICHTEN

2–3 gesalzene
    Macadamianüsse

AUSSERDEM

Trüffel- oder Küchenhobel

1 Den Reis mit Zucker und einem guten Schuss Milch in einen Topf geben und aufkochen lassen. Die Vanilleschote der Länge nach halbieren, Mark herauskratzen. Vanilleschote, -mark und Orangenabrieb zum Reis in den Topf geben. Dann nach und nach die Milch dazugießen und umrühren. Nach ca. 5 Min. den Topf abdecken. Den Reis 20–25 Min. bei schwacher Hitze köcheln lassen, dabei immer wieder umrühren.

2 Die Sahne mit dem Schneebesen nicht zu steif aufschlagen.

3 Sobald der Risotto cremig gekocht, die Flüssigkeit aufgesogen und die Körner weich sind, kommen die Heidelbeeren und die tiefgefrorenen Himbeeren dazu. Die Beeren unterrühren und den Risotto noch 2–3 Min. bei schwacher Hitze ziehen lassen.

4 Jetzt die Vanilleschote entfernen und die Sahne unter den Risotto heben, Den cremigen Reis auf Tellern oder in Schalen anrichten und die Macadamianüsse fein darüberhobeln.

👍 Durch die tiefgefrorenen Himbeeren kühlt der warme Risotto im Handumdrehen auf eine angenehme Esstemperatur ab. Außerdem bleiben die Himbeeren dadurch in Form und verkochen nicht.

REGISTER

A

Amarant
 Gerösteter Brokkoli mit Zitronenvinaigrette, Heidelbeeren und Amarant 142
Ananas
 Gegrillte Ananas mit Avocadocreme und Pekannüssen 150
 Knusprige Hähnchenflügel mit Tandoori-Joghurt und gebratener Pfeffer-Ananas 32
Äpfel
 Apfel-Pflaumen-Scheiterhaufen mit geigeltem Vanilleeis 77
Aprikosen
 Herzhafter Kaiserschmarrn mit feinen Brotgewürzen und Pfefferaprikosen 49
 Hüttenkäse mit scharfen Honigaprikosen und gerösteten Kürbiskernen 141
 Kichererbsenpüree mit gebratenen Egerlingen und Chili-Aprikosen 124
Arme Ritter vom Landbrot mit süßsauren Pilzen und Gartenkräutern 70
Aromatisiertes Rib-Eye mit Rotweinzwiebeln und Knoblauchbaguette 31
Asiatischer Gemüse-Blitzeintopf mit Ingwer, Chili und Koriander 99
Avocado
 Gebratene Avocado mit Kräuterspinat, Cashewkernen und pochiertem Ei 120
 Gegrillte Ananas mit Avocadocreme und Pekannüssen 150
 Scharfer Ingwer-Spinat-Smoothie mit Avocado und Kamille 130
 Zweierlei Avocado mit knusprigen Kichererbsen und kurz gebratenem Lachs 144

B

Bananen
 Quinoa-Kokos-Risotto mit Currybananen, Pak Choi und Hähnchen 102
Beerenrisotto mit Vanille und gesalzenen Macadamianüssen 185
Blumenkohl
 Gebackener Blumenkohl mit Schnittlauchschmand und Lachsschinken 56
Bohnen
 Bohnensalat »de Luxe« mit Thunfisch und gerösteten Ciabattascheiben 173
 Geröstete Garnelen mit Zitronen-Thymian-Butter, Bohnen-Püree und Paprika 127
Bolognese
 Kalbsrahmbolognese mit Thymianpappardelle und bunten Kirschtomaten 19
Brathähnchenkeulen mit Zitronenschmand und Endiviensalat 74
Brathering mit roter Zwiebelmarinade und Kartoffel-Petersilien-Stampf 73
Brokkoli
 Gerösteter Brokkoli mit Zitronenvinaigrette, Heidelbeeren und Amarant 142
 Lauwarmer Nudelsalat mit geschmortem Zitronen-Brokkoli und Mandelpesto 16
Brot
 Apfel-Pflaumen-Scheiterhaufen mit geigeltem Vanilleeis 77
 Arme Ritter vom Landbrot mit süßsauren Pilzen und Gartenkräutern 70
 Aromatisiertes Rib-Eye mit Rotweinzwiebeln und Knoblauchbaguette 31
 Bohnensalat »de Luxe« mit Thunfisch und gerösteten Ciabattascheiben 173
 Karamellisiertes Schweinefilet mit Majoran und Speck-Gewürz-Bröseln 53
 Pilzsuppe mit Estragonkaramell und Frischkäse-Crostini 88
 Rindertatar mit knusprigen Brotscheiben, Gurkenchutney und frittierten Kapern 158
 Salat aus knusprig gebratenem Brot mit Kirschtomaten und Frühlingszwiebel 182
 Salat mit gebratenem Brot, grünem Spargel, Hüttenkäse und Tomatenpesto 87
Burrata
 Geröstete Garnelen mit Oliven-Kräuter-Spinat-Nudeln und Burrata 23

C

Chicorée
 Gedünsteter Curry-Chicorée mit Rote-Bete-Relish und eingelegtem Ingwer 146
Chinakohl
 Chinakohlsalat mit Frühlingszwiebel, Ingwermarinade und Curry-Knusper 95
 Gebackene Hähnchenfilets mit Honigmarinade und Sweet-Chili-Chinakohl 35
Couscous
 Romanesco-Couscous mit getrockneten Feigen, Vanillemandeln und Safranjoghurt 100
Curry
 Chinakohlsalat mit Frühlingszwiebel, Ingwermarinade und Curry-Knusper 95
 Currywurst »de Luxe« 27
 Gerösteter Ofenkürbis mit Gemüsecurry 177

D

Dorade
 Parfümierte Dorade in der Meersalzkruste mit warmem Fenchel-Orangen-Salat 162

E

Eier
 Gebratene Avocado mit Kräuterspinat, Cashewkernen und pochiertem Ei 120
 Grünes Spargeltempura »satt« mit Schnittlauchdip und gehacktem Ei 39
 Quark-Pancakes mit roten Linsen und scharfem Tomaten-Orangen-Salat 123
Ente
 Knusprige Entenbrust mit Honig-Pfeffer-Glasur und Spitzkohlsalat 161

F

Feigen
 Gebackene Honigfeigen mit Rucola-Orangen-Salat und Macadamianüssen 83
 Romanesco-Couscous mit getrockneten Feigen, Vanillemandeln und Safranjoghurt 100
Fenchel
 Parfümierte Dorade in der Meersalzkruste mit warmem Fenchel-Orangen-Salat 162
Fisch
 Bohnensalat »de Luxe« mit Thunfisch und gerösteten Ciabattascheiben 173
 Brathering mit roter Zwiebelmarinade und Kartoffel-Petersilien-Stampf 73
 »Fish & Chips« – Gebackene Forelle mit würzigen Bratkartoffelchips 28
 Gebackene Lachspraline mit Curry, Gurken und Joghurtschaum 170
 Gebratene Forelle mit Mandelbutter, Rahmspinat und Meerrettich 64
 Kartoffelsotto mit Pinienkernen und Seeteufel im Speckmantel 165
 Lachssashimi mit Limetten-Teriyaki-Sauce und Puffreis 84
 Lauwarmes Forellensashimi mit Meerrettich und Rote Bete 174
 Parfümierte Dorade in der Meersalzkruste mit warmem Fenchel-Orangen-Salat 162
 Pulled Salmon mit Kräuter-Zitrus-Marinade, Avocadoöl und Schmandspaghettoni 108
 Roh marinierte Makrele mit Granatapfel und Gurken-Ingwer-Salat 137
 Zweierlei Avocado mit knusprigen Kichererbsen und kurz gebratenem Lachs 144

Forelle
  »Fish & Chips« – Gebackene Forelle mit würzigen Bratkartoffelchips 28
  Gebratene Forelle mit Mandelbutter, Rahmspinat und Meerrettich 64
  Lauwarmes Forellensashimi mit Meerrettich und Rote Bete 174

G
Garnelen
  Geröstete Garnelen mit Oliven-Kräuter-Spinat-Nudeln und Burrata 23
  Geröstete Garnelen mit Zitronen-Thymian-Butter, Bohnen-Püree und Paprika 127
  Karamellisierte Garnelen mit Ahornsirup und Wasabinüssen 92
  Superschnelle Garnelenravioli mit Koriander und Curry-Mango-Butter 20
Gebackene Hähnchenfilets mit Honigmarinade und Sweet-Chili-Chinakohl 35
Gebackene Honigfeigen mit Rucola-Orangen-Salat und Macadamianüssen 83
Gebackene Lachspraline mit Curry, Gurken und Joghurtschaum 170
Gebackener Blumenkohl mit Schnittlauchschmand und Lachsschinken 56
Gebratene Avocado mit Kräuterspinat, Cashewkernen und pochiertem Ei 120
Gebratene Forelle mit Mandelbutter, Rahmspinat und Meerrettich 64
Gebratene Hähnchenbrust mit Kurkumaschalotten, Rosinen und Nusspesto 138
Gebratene Ratatouille mit marinierten Miesmuscheln und Estragon 178
Gebratener Radicchio mit Rote-Bete-Saft, Linsenvinaigrette und Kräuterschmand 118
Gedünsteter Curry-Chicorée mit Rote-Bete-Relish und eingelegtem Ingwer 146
»Gefüllte Paprika« mit Gulaschgewürzbutter und Selleriestampf 59
Gegrillte Ananas mit Avocadocreme und Pekannüssen 150
Gemüse
  Asiatischer Gemüse-Blitzeintopf mit Ingwer, Chili und Koriander 99
  Gerösteter Ofenkürbis mit Gemüsecurry 177
  Geröstete Garnelen mit Oliven-Kräuter-Spinat-Nudeln und Burrata 23
  Geröstete Garnelen mit Zitronen-Thymian-Butter, Bohnen-Püree und Paprika 127
  Gerösteter Brokkoli mit Zitronenvinaigrette, Heidelbeeren und Amarant 142
  Gerösteter Ofenkürbis mit Gemüsecurry 177
  Gerösteter Rosenkohl mit Rauchmandeln und Petersilien-Orangen-Polenta 106
Granatapfel
  Roh marinierte Makrele mit Granatapfel und Gurken-Ingwer-Salat 137
Grieß
  Schnelle Grießnockerlsuppe mit Suppengrün und Liebstöckel 67
Grünes Spargeltempura »satt« mit Schnittlauchdip und gehacktem Ei 39
Gurken
  Gebackene Lachspraline mit Curry, Gurken und Joghurtschaum 170
  Kartoffelgröstl mit Debreczinern und Rahmgurken 50
  Rindertatar mit knusprigen Brotscheiben, Gurkenchutney und frittierten Kapern 158
  Roh marinierte Makrele mit Granatapfel und Gurken-Ingwer-Salat 137
  Summerrolls mit Karotten, Gurken, Sprossen und Soja-Apfel-Dip 157

H
Hähnchen
  Brathähnchenkeulen mit Zitronenschmand und Endiviensalat 74
  Gebackene Hähnchenfilets mit Honigmarinade und Sweet-Chili-Chinakohl 35
  Gebratene Hähnchenbrust mit Kurkumaschalotten, Rosinen und Nusspesto 138
  Hähnchen-Minutensteaks und scharfer Karotten-Mango-Salat mit Erdnüssen 91
  Hähnchen-Satéspieße mit Erdnusssauce und Thai-Basilikum 166
  Hähnchen mit Tandoori-Kokos-Sauce, Quinoa, Zuckerschoten und Mandelöl 128
  Knusprige Hähnchenflügel mit Tandoori-Joghurt und gebratener Pfeffer-Ananas 32
  Quinoa-Kokos-Risotto mit Currybananen, Pak Choi und Hähnchen 102
Heidelbeeren
  Beerenrisotto mit Vanille und gesalzenen Macadamianüssen 185
  Gerösteter Brokkoli mit Zitronenvinaigrette, Heidelbeeren und Amarant 142
Hering
  Brathering mit roter Zwiebelmarinade und Kartoffel-Petersilien-Stampf 73
  Herzhafter Kaiserschmarrn mit feinen Brotgewürzen und Pfefferaprikosen 49
Himbeeren
  Beerenrisotto mit Vanille und gesalzenen Macadamianüssen 185
  Quarksoufflé mit Caipirinha-Himbeeren 43
Hüttenkäse mit scharfen Honigaprikosen und gerösteten Kürbiskernen 141

I
Ingwer
  Chinakohlsalat mit Frühlingszwiebel, Ingwermarinade und Curry-Knusper 95
  Gedünsteter Curry-Chicorée mit Rote-Bete-Relish und eingelegtem Ingwer 146
  Roh marinierte Makrele mit Granatapfel und Gurken-Ingwer-Salat 137
  Scharfer Ingwer-Spinat-Smoothie mit Avocado und Kamille 130

J
Joghurt
  Gebackene Lachspraline mit Curry, Gurken und Joghurtschaum 170
  Knusprige Hähnchenflügel mit Tandoori-Joghurt und gebratener Pfeffer-Ananas 32
  Romanesco-Couscous mit getrockneten Feigen, Vanillemandeln und Safranjoghurt 100

K
Kaiserschmarrn
  Herzhafter Kaiserschmarrn mit feinen Brotgewürzen und Pfefferaprikosen 49
Kalbfleisch
  Kalbsrahmbolognese mit Thymianpappardelle und bunten Kirschtomaten 19
  Roh angemachtes Kalbsfilet mit Studentenfutter und Spinatsalat 149
Karamellisierte Garnelen mit Ahornsirup und Wasabinüssen 92
Karamellisiertes Schweinefilet mit Majoran und Speck-Gewürz-Bröseln 53
Karotten
  Hähnchen-Minutensteaks und scharfer Karotten-Mango-Salat mit Erdnüssen 91
  Roastbeefroulade mit Senf-Gurken-Sauce und dicken Karottenrösti 60
  Summerrolls mit Karotten, Gurken, Sprossen und Soja-Apfel-Dip 157
Kartoffeln
  Brathering mit roter Zwiebelmarinade und Kartoffel-Petersilien-Stampf 73
  »Fish & Chips« – Gebackene Forelle mit würzigen Bratkartoffelchips 28
  Kartoffelgröstl mit Debreczinern und Rahmgurken 50
  Kartoffelsotto mit Pinienkernen und Seeteufel im Speckmantel 165

Register

Kasseler mit Kartoffel-Senf-Kruste und Rahmkohlrabi 68

Käse
Hüttenkäse mit scharfen Honigaprikosen und gerösteten Kürbiskernen 141
Pilzsuppe mit Estragonkaramell und Frischkäse-Crostini 88
Salat mit gebratenem Brot, grünem Spargel, Hüttenkäse und Tomatenpesto 87
Ziegenkäse mit Kürbiskern-Pfeffer-Karamell und marinierter Roter Bete 96

Kasseler mit Kartoffel-Senf-Kruste und Rahmkohlrabi 68

Kichererbsen
Kichererbsenpüree mit gebratenen Egerlingen und Chili-Aprikosen 124
Zweierlei Avocado mit knusprigen Kichererbsen und kurz gebratenem Lachs 144
Knusprige Entenbrust mit Honig-Pfeffer-Glasur und Spitzkohlsalat 161
Knusprige Hähnchenflügel mit Tandoori-Joghurt und gebratener Pfeffer-Ananas 32

Kohlrabi
Kasseler mit Kartoffel-Senf-Kruste und Rahmkohlrabi 68
Kopfsalat mit Omas Dill-Dressing und gebratener Blutwurst in Senfkruste 56

Kräuter
Arme Ritter vom Landbrot mit süßsauren Pilzen und Gartenkräutern 70
Gebratener Radicchio mit Rote-Bete-Saft, Linsenvinaigrette und Kräuterschmand 118

Kürbis
Gerösteter Ofenkürbis mit Gemüsecurry 177

Kürbiskerne
Hüttenkäse mit scharfen Honigaprikosen und gerösteten Kürbiskernen 141
Ziegenkäse mit Kürbiskern-Pfeffer-Karamell und marinierter Roter Bete 96

L

Lachs
Gebackene Lachspraline mit Curry, Gurken und Joghurtschaum 170
Lachssashimi mit Limetten-Teriyaki-Sauce und Puffreis 84
Pulled Salmon mit Kräuter-Zitrus-Marinade, Avocadoöl und Schmandspaghettoni 108
Zweierlei Avocado mit knusprigen Kichererbsen und kurz gebratenem Lachs 144
Lauwarmer Nudelsalat mit geschmortem Zitronen-Brokkoli und Mandelpesto 16

Lauwarmes Forellensashimi mit Meerrettich und Rote Bete 174

Linsen
Gebratener Radicchio mit Rote-Bete-Saft, Linsenvinaigrette und Kräuterschmand 118
Quark-Pancakes mit roten Linsen und scharfem Tomaten-Orangen-Salat 123

M

Majoran
Karamellisiertes Schweinefilet mit Majoran und Speck-Gewürz-Bröseln 53

Makrele
Roh marinierte Makrele mit Granatapfel und Gurken-Ingwer-Salat 137

Mango
Hähnchen-Minutensteaks und scharfer Karotten-Mango-Salat mit Erdnüssen 91
Mehlspatzen mit Haselnuss-Majoran-Butter und Spitzkohl 63

Muscheln
Gebratene Ratatouille mit marinierten Miesmuscheln und Estragon 178

N

Nudeln
Geröstete Garnelen mit Oliven-Kräuter-Spinat-Nudeln und Burrata 23
Kalbsrahmbolognese mit Thymianpappardelle und bunten Kirschtomaten 19
Lauwarmer Nudelsalat mit geschmortem Zitronen-Brokkoli und Mandelpesto 16
Mehlspatzen mit Haselnuss-Majoran-Butter und Spitzkohl 63
Pulled Salmon mit Kräuter-Zitrus-Marinade, Avocadoöl und Schmandspaghettoni 108
Spaghettoni mit Ofentomaten-Sauce und knusprigen Parmesan-Bröseln 15
Superschnelle Garnelenravioli mit Koriander und Curry-Mango-Butter 20

Nüsse
Gebackene Honigfeigen mit Rucola-Orangen-Salat und Macadamianüssen 83
Gebratene Avocado mit Kräuterspinat, Cashewkernen und pochiertem Ei 120
Gebratene Hähnchenbrust mit Kurkumaschalotten, Rosinen und Nusspesto 138
Gegrillte Ananas mit Avocadocreme und Pekannüssen 150
Gerösteter Rosenkohl mit Rauchmandeln und Petersilien-Orangen-Polenta 106
Hähnchen-Satéspieße mit Erdnusssauce und Thai-Basilikum 166

Hähnchen-Minutensteaks und scharfer Karotten-Mango-Salat mit Erdnüssen 91
Karamellisierte Garnelen mit Ahornsirup und Wasabinüssen 92
Mehlspatzen mit Haselnuss-Majoran-Butter und Spitzkohl 63
Superschnelles Mandelsplitter-Tiramisu mit Amarettini 110

O

Orangen
Parfümierte Dorade in der Meersalzkruste mit warmem Fenchel-Orangen-Salat 162
Quark-Pancakes mit roten Linsen und scharfem Tomaten-Orangen-Salat 123

P

Pak Choi
Quinoa-Kokos-Risotto mit Currybananen, Pak Choi und Hähnchen 102

Pancakes
Quark-Pancakes mit roten Linsen und scharfem Tomaten-Orangen-Salat 123

Pappardelle
Kalbsrahmbolognese mit Thymianpappardelle und bunten Kirschtomaten 19

Paprikaschoten
»Gefüllte Paprika« mit Gulaschgewürzbutter und Selleriestampf 59
Geröstete Garnelen mit Zitronen-Thymian-Butter, Bohnen-Püree und Paprika 127
Parfümierte Dorade in der Meersalzkruste mit warmem Fenchel-Orangen-Salat 162

Pilze
Arme Ritter vom Landbrot mit süßsauren Pilzen und Gartenkräutern 70
Kichererbsenpüree mit gebratenen Egerlingen und Chili-Aprikosen 124
Pilzsuppe mit Estragonkaramell und Frischkäse-Crostini 88
Shabu-Shabu vom Rinderfilet mit Pilz-Dashi, Spinat und Sesamöl 169

Pinienkerne
Kartoffelsotto mit Pinienkernen und Seeteufel im Speckmantel 165

Pizzabrot aus der Pfanne mit Basilikum-Fenchel-Salz 40

Polenta
Gerösteter Rosenkohl mit Rauchmandeln und Petersilien-Orangen-Polenta 106

Puffreis
Lachssashimi mit Limetten-Teriyaki-Sauce und Puffreis 84

Register

Pulled Salmon mit Kräuter-Zitrus-Marinade, Avocadoöl und Schmandspaghettoni 108

Q

Quark-Pancakes mit roten Linsen und scharfem Tomaten-Orangen-Salat 123
Quarksoufflé mit Caipirinha-Himbeeren 43
Quinoa-Kokos-Risotto mit Currybananen, Pak Choi und Hähnchen 102

R

Radicchio
Gebratener Radicchio mit Rote-Bete-Saft, Linsenvinaigrette und Kräuterschmand 118
Ratatouille
Gebratene Ratatouille mit marinierten Miesmuscheln und Estragon 178
Ravioli
Superschnelle Garnelenravioli mit Koriander und Curry-Mango-Butter 20
Reh
Scharf gebratener Rotkohl mit Rehspieß und Wacholderbutter 104
Reis
Beerenrisotto mit Vanille und gesalzenen Macadamianüssen 185
Weißweinrisotto mit Parmesan und zweierlei Rucola 24
Rib-Eye
Aromatisiertes Rib-Eye mit Rotweinzwiebeln und Knoblauchbaguette 31
Rindfleisch
Aromatisiertes Rib-Eye mit Rotweinzwiebeln und Knoblauchbaguette 31
Rindertatar mit knusprigen Brotscheiben, Gurkenchutney und frittierten Kapern 158
Roastbeefroulade mit Senf-Gurken-Sauce und dicken Karottenrösti 60
Shabu-Shabu vom Rinderfilet mit Pilz-Dashi, Spinat und Sesamöl 169
Teppanyaki von der Rinderhüfte mit saftigem Waldorfsalat und Meerrettichsauce 181
Roastbeefroulade mit Senfgurkensauce und dicken Karottenrösti 60
Roh angemachtes Kalbsfilet mit Studentenfutter und Spinatsalat 149
Roh marinierte Makrele mit Granatapfel und Gurken-Ingwer-Salat 137
Romanasalat
Tintenfischringe mit Wasabisauce und Romana-Sesam-Salat 36
Romanesco-Couscous mit getrockneten Feigen, Vanillemandeln und Safranjoghurt 100

Rosenkohl
Gerösteter Rosenkohl mit Rauchmandeln und Petersilien-Orangen-Polenta 106
Rösti
Roastbeefroulade mit Senf-Gurken-Sauce und dicken Karottenrösti 60
Rote Bete
Gebratener Radicchio mit Rote-Bete-Saft, Linsenvinaigrette und Kräuterschmand 118
Gedünsteter Curry-Chicorée mit Rote-Bete-Relish und eingelegtem Ingwer 146
Lauwarmes Forellensashimi mit Meerrettich und Rote Bete 174
Ziegenkäse mit Kürbiskern-Pfeffer-Karamell und marinierter Roter Bete 96
Rotkohl
Scharf gebratener Rotkohl mit Rehspieß und Wacholderbutter 104
Rouladen
Roastbeefroulade mit Senf-Gurken-Sauce und dicken Karottenrösti 60
Rucola
Gebackene Honigfeigen mit Rucola-Orangen-Salat und Macadamianüssen 83
Weißweinrisotto mit Parmesan und zweierlei Rucola 24

S

Salate
Bohnensalat »de Luxe« mit Thunfisch und gerösteten Ciabattascheiben 173
Chinakohlsalat mit Frühlingszwiebel, Ingwermarinade und Curry-Knusper 95
Hähnchen Minutensteaks und scharfer Karotten-Mango-Salat mit Erdnüssen 91
Knusprige Entenbrust mit Honig-Pfeffer-Glasur und Spitzkohlsalat 161
Kopfsalat mit Omas Dill-Dressing und gebratener Blutwurst in Senfkruste 56
Lauwarmer Nudelsalat mit geschmortem Zitronen-Brokkoli und Mandelpesto 16
Parfümierte Dorade in der Meersalzkruste mit warmem Fenchel-Orangen-Salat 162
Quark-Pancakes mit roten Linsen und scharfem Tomaten-Orangen-Salat 123
Salat aus knusprig gebratenem Brot mit Kirschtomaten und Frühlingszwiebel 182
Salat mit gebratenem Brot, grünem Spargel, Hüttenkäse und Tomatenpesto 87
Teppanyaki von der Rinderhüfte mit saftigem Waldorfsalat 181

Ziegenkäse mit Kürbiskern-Pfeffer-Karamell und marinierter Roter Bete 96
Sashimi
Lachssashimi mit Limetten-Teriyaki-Sauce und Puffreis 84
Lauwarmes Forellensashimi mit Meerrettich und Rote Bete 174
Schalotten
Gebratene Hähnchenbrust mit Kurkumaschalotten, Rosinen und Nusspesto 138
Scharf gebratener Rotkohl mit Rehspieß und Wacholderbutter 104
Scharfer Ingwer-Spinat-Smoothie mit Avocado und Kamille 130
Scheiterhaufen
Apfel-Pflaumen-Scheiterhaufen mit geigeltem Vanilleeis 77
Schinken
Gebackener Blumenkohl mit Schnittlauchschmand und Lachsschinken 56
Schnelle Grießnockerlsuppe mit Suppengrün und Liebstöckel 67
Schnittlauch
Gebackener Blumenkohl mit Schnittlauchschmand und Lachsschinken 56
Grünes Spargeltempura »satt« mit Schnittlauchdip und gehacktem Ei 39
Schweinefleisch
Kasseler mit Kartoffel-Senf-Kruste und Rahmkohlrabi 68
Karamellisiertes Schweinefilet mit Majoran und Speck-Gewürz-Bröseln 53
Seeteufel
Kartoffelsotto mit Pinienkernen und Seeteufel im Speckmantel 165
Sellerie
»Gefüllte Paprika« mit Gulaschgewürzbutter und Selleriestampf 59
Senf
Kasseler mit Kartoffel-Senf-Kruste und Rahmkohlrabi 68
Kopfsalat mit Omas Dill-Dressing und gebratener Blutwurst in Senfkruste 56
Sesamöl
Shabu-Shabu vom Rinderfilet mit Pilz-Dashi, Spinat und Sesamöl 169
Smoothies
Scharfer Ingwer-Spinat-Smoothie mit Avocado und Kamille 131
Sommer-Smoothie 130
Soufflé
Quarksoufflé mit Caipirinha-Himbeeren 43
Spaghettoni mit Ofentomaten-Sauce und knusprigen Parmesan-Bröseln 15

Register

Spargel
- Grünes Spargeltempura »satt« mit Schnittlauchdip und gehacktem Ei 39
- Salat mit gebratenem Brot, grünem Spargel, Hüttenkäse und Tomatenpesto 87

Spinat
- Gebratene Avocado mit Kräuterspinat, Cashewkernen und pochiertem Ei 120
- Gebratene Forelle mit Mandelbutter, Rahmspinat und Meerrettich 64
- Roh angemachtes Kalbsfilet mit Studentenfutter und Spinatsalat 149
- Scharfer Ingwer-Spinat-Smoothie mit Avocado und Kamille 130
- Shabu-Shabu vom Rinderfilet mit Pilz-Dashi, Spinat und Sesamöl 169

Spitzkohl
- Knusprige Entenbrust mit Honig-Pfeffer-Glasur und Spitzkohlsalat 161
- Mehlspatzen mit Haselnuss-Majoran-Butter und Spitzkohl 63
- Summerrolls mit Karotten, Gurken, Sprossen und Soja-Apfel-Dip 157
- Superschnelle Garnelenravioli mit Koriander und Curry-Mango-Butter 20
- Superschnelles Mandelsplitter-Tiramisu mit Amarettini 110

Suppen
- Asiatischer Gemüse-Blitzeintopf mit Ingwer, Chili und Koriander 99
- Pilzsuppe mit Estragonkaramell und Frischkäse-Crostini 88
- Schnelle Grießnockerlsuppe mit Suppengrün und Liebstöckel 67
- Shabu-Shabu vom Rinderfilet mit Pilz-Dashi, Spinat und Sesamöl 169

Süßes
- Apfel-Pflaumen-Scheiterhaufen mit geigeltem Vanilleeis 77
- Beerenrisotto mit Vanille und gesalzenen Macadamianüssen 185
- Gegrillte Ananas mit Avocadocreme und Pekannüssen 150
- Quarksoufflé mit Caipirinha-Himbeeren 43
- Superschnelles Mandelsplitter-Tiramisu mit Amarettini 110

T

Teppanyaki von der Rinderhüfte mit saftigem Waldorfsalat und Meerrettichsauce 181

Thunfisch
- Bohnensalat »de Luxe« mit Thunfisch und gerösteten Ciabattascheiben 173
- Tintenfischringe mit Wasabisauce und Romana-Sesam-Salat 36

Tiramisu
- Superschnelles Mandelsplitter-Tiramisu mit Amarettini 110

Tomaten
- Kalbsrahmbolognese mit Thymianpappardelle und bunten Kirschtomaten 19
- Pizzabrot aus der Pfanne mit Basilikum-Fenchel-Salz 40
- Quark-Pancakes mit roten Linsen und scharfem Tomaten-Orangen-Salat 123
- Salat aus knusprig gebratenem Brot mit Kirschtomaten und Frühlingszwiebel 182
- Salat mit gebratenem Brot, grünem Spargel, Hüttenkäse und Tomatenpesto 87
- Spaghettoni mit Ofentomaten-Sauce und knusprigen Parmesan-Bröseln 15

W

Weißweinrisotto mit Parmesan und zweierlei Rucola 24

Wurst
- Currywurst »de Luxe« 27
- Kartoffelgröstl mit Debreczinern und Rahmgurken 50
- Kopfsalat mit Omas Dill-Dressing und gebratener Blutwurst in Senfkruste 56

Z

Ziegenkäse mit Kürbiskern-Pfeffer-Karamell und marinierter Roter Bete 96

Zuckerschoten
- Hähnchen mit Tandoori-Kokos-Sauce, Quinoa, Zuckerschoten und Mandelöl 128

Zweierlei Avocado mit knusprigen Kichererbsen und kurz gebratenem Lachs 144

Zwiebeln
- Aromatisiertes Rib-Eye mit Rotweinzwiebeln und Knoblauchbaguette 31
- Brathering mit roter Zwiebelmarinade und Kartoffel-Petersilien-Stampf 73

Noch mehr vom Sternekoch

29,95 € [D] / 30,80 € [A]
978-3-8310-3151-1

Besuchen Sie uns im Internet
www.dorlingkindersley.de

DANKE Bedanken möchte ich mich vor allem bei den beiden Küchenmeisterinnen Monika Schuster und Anka Köhler. Die beiden haben mit ihrem handwerklichen Können, ihrer Kreativität und ihrem Feingefühl für Kombinationen das Buch mit fantastischen Inhalten bestückt.

Vielen Dank auch lieber Klaus Einwanger, liebe Deborah De Luca, lieber Christian Kempf. Ein besseres Fototeam hätte ich mir nicht wünschen können. Die Bilder machen echt Lust aufs Nachkochen. Ihr alle habt die Gerichte sensationell in Wort und Bild umgesetzt!

© Dorling Kindersley Verlag GmbH, München, 2018
Ein Unternehmen der Penguin Random House Group
Alle Rechte vorbehalten

Jegliche – auch auszugsweise – Verwertung, Wiedergabe, Vervielfältigung oder Speicherung, ob elektronisch, mechanisch, durch Fotokopie oder Aufzeichnung, bedarf der vorherigen schriftlichen Genehmigung durch den Verlag.

Rezepte Alexander Herrmann
Rezeptentwicklung, Texte, Foodstyling Monika Schuster
Versuchsküche Anka Köhler
Fotografie Klaus Einwanger
Bildbearbeitung Christian Kempf
Prop-Styling Deborah De Luca
Lektorat Carmen Söntgerath
Cover- und Innengestaltung, Typografie, Realisation
Sibylle Schug, Barbara Mally, Astrid Shemilt

Für den DK Verlag:
Programmleitung Monika Schlitzer
Redaktionsleitung Caren Hummel
Projektbetreuung Melanie Haizmann
Herstellungsleitung Dorothee Whittaker
Herstellungskoordination Arnika Marx
Herstellung Inga Reinke

ISBN 978-3-8310-3450-5

Repro Farbsatz, Neuried/München
Druck und Bindung Firmengruppe Appl, aprinta Druck GmbH, Wemding, Deutschland

Hinweis
Die Informationen und Ratschläge in diesem Buch sind vom Autor und vom Verlag sorgfältig erwogen und geprüft, dennoch kann eine Garantie nicht übernommen werden. Eine Haftung des Autors bzw. des Verlags und seiner Beauftragten für Personen-, Sach- und Vermögensschäden ist ausgeschlossen.

Hinweis zur Ofentemperatur
Soweit nicht anders angegeben, beziehen sich die Temperaturangaben für den Ofen auf Ober- und Unterhitze. Bei Umluft verringert sich die Temperatur um etwa 20 °C. Beachten Sie hierzu gegebenenfalls auch die Angaben des Herstellers.

Besuchen Sie uns im Internet
www.dorlingkindersley.de